中华 爱国 人物故事
ZHONG HUA AI GUO REN WU GU SHI

抗击倭寇的民族英雄戚继光

方玉环 编著

吉林人民出版社

图书在版编目(CIP)数据

抗击倭寇的民族英雄戚继光 / 方玉环编著. -- 长春
: 吉林人民出版社, 2011.5
 (中华爱国人物故事)
 ISBN 978-7-206-07871-2

Ⅰ.①抗… Ⅱ.①方… Ⅲ.①戚继光(1528～1587)
-生平事迹 Ⅳ.①K825.2

中国版本图书馆CIP数据核字(2011)第075778号

抗击倭寇的民族英雄戚继光
KANGJI WOKOU DE MINZU YINGXIONG QI JIGUANG

编　　著：方玉环
责任编辑：丁　昊　　　　封面设计：七　洱
吉林人民出版社出版 发行(长春市人民大街7548号 邮政编码:130022)
印　　刷：鸿鹄(唐山)印务有限公司
开　　本：670mm×950mm　　1/16
印　　张：8　　　　　　　字　　数：70千字
标准书号：ISBN 978-7-206-07871-2
版　　次：2011年5月第1版　　印　　次：2023年6月第4次印刷
定　　价：35.00元

如发现印装质量问题,影响阅读,请与出版社联系调换。

总 序

胡维革

《中华爱国人物故事》是一套故事丛书。它汇集了我国历史上80位古圣先贤、民族英雄、志士仁人、革命领袖、先进模范人物的生动感人史迹,表现了作为中华民族优秀传统的伟大的爱国主义精神。

爱国主义是人们对于"生于斯、长于斯、衣食于斯"的祖国的一种神圣感情,是人们对于自己民族的一种强烈的责任感和使命感,是感召和激励整个中华民族的一面永不褪色的旗帜。在漫长的历史上,爱国主义一直激励着中华儿女为祖国的独立、统一、进步和繁荣而英勇奋斗。从伟大的思想家教育家孔子到统一全国的千古一帝秦始皇,从秉笔直书著《史记》的司马

◆ 中华爱国人物故事

迁到鞠躬尽瘁死而后已的诸葛亮，从伟大的浪漫主义诗人李白到精忠报国的民族英雄岳飞，从七下西洋传播友谊的郑和到抗击倭寇的民族英雄戚继光，从苟利国家生死以的林则徐到为变法流血的第一人谭嗣同，从威震敌胆的抗联将军杨靖宇到人民音乐家聂耳与冼星海，从踏遍青山人未老的李四光到万婴之母林巧稚，从县委书记的好榜样焦裕禄到情系雪域献身高原的孔繁森……都表现出了强烈的爱国主义精神。正是由于热爱祖国的人们前仆后继地奋斗，国家和民族才得以生存，历经一次次历史危机关头而能转危为安，走向兴盛和富强，从而屹立于世界民族之林。爱国主义是鼓舞中华儿女历经忧患、跨越沧桑、百折不挠、自强不息的伟大力量，它贯穿于中华民族的整个历史，并有力

总序

地凝聚着五洲四海的中国人。

爱国主义是一个历史的范畴,在社会发展的不同阶段、不同时期有着不同的具体内容。革命时期,需要我们为祖国的独立自主出生入死;建设时期,需要我们为祖国的繁荣富强增砖添瓦;在全国各族人民团结一心建设富强、民主、文明、和谐的社会主义现代化国家的今天,我们要争做一名新时期的爱国者。新时期的爱国者要有强烈的民族自尊心和自豪感。民族自尊心和自豪感是任何时期任何爱国者都必须具备的情感。民族自尊心能增强我们自立向上的恒心,民族自豪感能树立我们建设祖国的信心。要树立"祖国高于一切"的崇高信念,为了祖国和人民的利益不惜抛却个人的利益,甚至不惜牺牲个人的生命。要树立终身学习的理念,拓

◆ 中华爱国人物故事

宽自己的知识面,广泛吸收新知识新技术,完善自身的知识结构,更新学习知识的方法与理念,从思想上、知识上充分武装自己,为祖国的繁荣昌盛贡献力量。

爱国主义思想的继承和发扬,是关系到民族盛衰、国家兴亡的根本问题。一代代人爱国主义思想情操的形成,需要不断地培养。培养爱国主义的一个重要途径是向爱国主义的英雄人物和典范事迹学习。这套丛书的出版,对于人们向英雄和先进人物学习,特别是对于在中小学生中进行爱国主义教育,将可提供一些生动的教材。祝愿此书出版发行成功,为培养"四有"新人作出贡献。

于2011年4月23日
世界读书日

编委会

策　划：胡维革　吴铁光
　　　　林　巍　李达豪
主　编：胡维革　邢万生
副主编：贾淑文　吴兰萍
编　委：(按姓氏笔画为序)
　　　　于二辉　门雄甲
　　　　刘士琳　刘文辉
　　　　孙建军　李相梅
　　　　李艳萍　杨九屹
　　　　谷艳秋　陈亚南
　　　　隋　军　韩志国

目录
CONTENTS

◎ 012　"镂花门"教子

◎ 015　戚父怒烧丝鞋

◎ 018　特殊的遗产

◎ 022　龙山所之战

◎ 027　飞凤山歼敌

◎ 030　六根金条

◎ 034　借　潮

◎ 038　巧授空城计

◎ 041　横屿大战

◎ 048　海门夜警

◎ 052　狼筅破倭刀

◎ 055　东门岭头三冲炮

◎ 058　智设蛇阵

◎ 063　智斩河野满

◎ 070　巧摆斗笠阵

◎ 075　戚继光惩舅父

◎ 078　以金试兵

目录
CONTENTS

重责娘舅　081 ◎

挥泪斩恩人　084 ◎

智激张教习　088 ◎

怒斩张守备　091 ◎

戚继光斩子　094 ◎

戚夫人夜探倭巢　099 ◎

宝聚和尚　101 ◎

陈第献策　103 ◎

晏继芳藤牌破倭　105 ◎

戚家饼的由来　108 ◎

"酱烤猪头"的来历　110 ◎

江南长城的传说　112 ◎

戚继光改斗　116 ◎

麒麟井的传说　119 ◎

木城河的传说　121 ◎

戚继光生平简介　125 ◎

"锈花门"教子

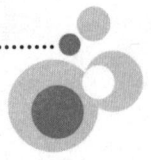

戚继光出生在将门之家。他的父亲戚景通也是行伍出身，在朝时曾在北京当过神机营（明时使用火器的部队）的副将。晚年告老还乡的他，除了埋头著书，总结一生的作战经验，戚景通还有一件很上心的事情，就是教育儿子——戚继光。

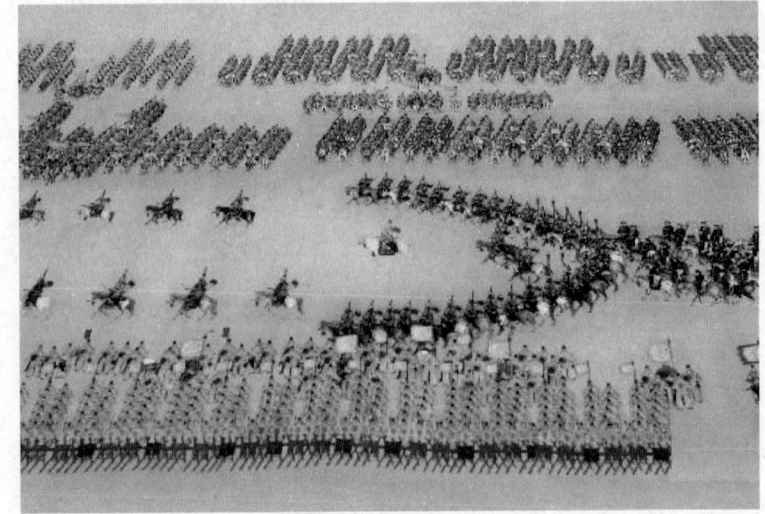

神机营

戚继光幼时玩耍的花园

虽然戚景通在58岁的那年，才有了长子戚继光，但他并不因晚年得子，就对戚继光过分溺爱和放纵。相反戚景通对戚继光要求很严格，从来不宠惯他，有什么事情做得不对不好，立刻纠正和批评教育，因为戚景通希望戚继光长大后能成为一个对国家有用的人。

在戚继光12岁那年，因房屋年久失修，破败不堪，戚景通决定修缮一下房屋。可即便这样，戚景通也只是让工匠在厅堂的两根立柱间安装四扇镂花门。工匠们觉得戚景通是朝廷官员，房子应该修缮的气派些，可按照戚景通的要求，这四扇的镂花门怎么也够不上大户人家的气势，于是便私下对戚继光说："公子啊，你们家是世代将门，这房屋应该更加气派华丽些才对，别的不说，这镂花门应该安设十二扇门才是啊！"

年幼的戚继光听了，觉得有那么点道理，连忙跑到父亲面前，说："父亲，咱们家世代为官，房屋修的气派些也不为过，为什么不多安几扇镂花门呢？"

戚景通听了戚继光的话后，连连摇头，说："儿啊，为父做官多年，一直勤俭廉正，对人对事皆问心无愧，所以我希望你将来长大成人，也能和我一样，你只要能保住这份家业，我就算满意了。可如今你小小年纪就贪慕虚荣，只怕将来你连这点产业也保不住，如何还能报效朝廷，帮扶百姓。唉……"

戚继光看着戚景通失望又饱含深意的眼睛，聪明睿智的他，皱眉琢磨着父亲的教诲，一下子就明白了戚景通话中的深刻含义。

"父亲，孩儿错了，孩儿不该贪慕这些表面的虚荣。今后我一定改正，请父亲随时鞭策和教诲。"

听了戚继光的话，戚景通欣慰地点点头："好！"

戚父怒烧丝鞋

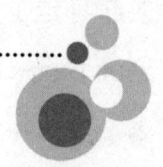

明朝那时候，民间有早早订婚的风俗。

在戚继光13岁那年，家里人按民俗也准备给他定亲。消息传出去之后，戚继光家的亲戚纷纷送来贺礼表示祝贺。戚继光的姥姥家派人送来一双做工讲究、面料华贵的丝鞋作为外孙定亲的贺礼。

戚景通一向生活节俭，所以戚继光从来也没有穿过华丽的衣服和鞋子。年纪尚幼的他见到这双丝鞋，顿时兴高采烈、喜出望外。手拿着鞋子翻过来掉过去看个不够。他母亲见他如此喜爱，就对他说："瞧

明代一品武官的补子——麒麟

你喜欢成这个样子，干脆现在就拿去穿了吧！"戚继光一听母亲这么说，自然是欢天喜地，立刻穿着鞋子满院子走来走去。

正在前厅读书的戚景通听见窗外有脚步声走来走去，便起身走了出来，一看见戚继光穿上丝鞋走个不停，立刻沉下脸来说："你一个小孩子家穿这么漂亮的丝鞋干什么？小小年纪现在就贪图虚荣享受，如今有了丝鞋，以后还会想着穿锦绣，吃山珍海味，这种贪欲只会越来越膨胀，如不收敛，何处是尽头……"

戚继光见父亲如此说，有点小不以为然："父亲，孩儿明白你所说的道理，孩儿会谨记在心，但这双丝鞋是姥姥送的，孩儿只是在家穿穿，也未尝不可以啊。"

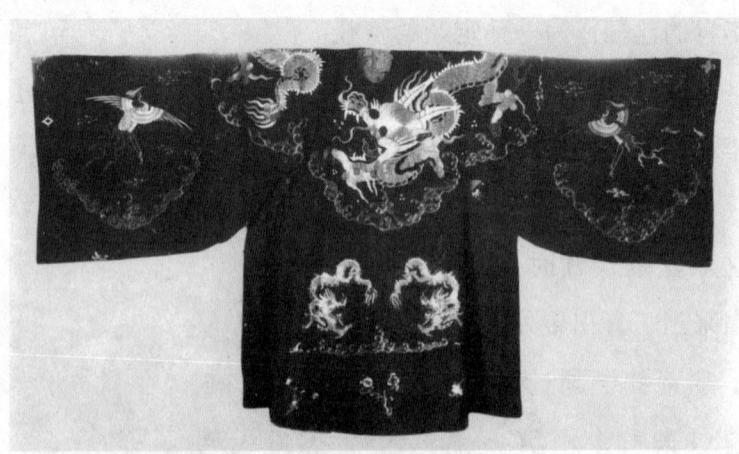

明朝官吏朝服——麒麟服

明代官吏常服

戚景通看了戚继光一眼，语重心长地说："我家世代清白做人，到我这里确实没有那么多钱来满足你的奢望。可你也不该如此不成器，试想假如以后你成了领兵将领，今天贪恋一双丝鞋的你很难保证以后不会占用士兵的粮饷啊！这样下去，岂不坏了我戚家的门风！这样的人还怎么接替我的事业呢！"

后来，戚景通找到自己的夫人，责难夫人不该骄纵戚继光的同时，还命人当着戚继光的面将丝鞋烧毁了。

戚继光又一次从父亲的怒气和教诲中学到了做人的道理。

特殊的遗产

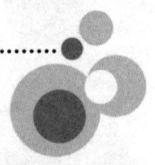

在戚景通的言传身教下，戚继光养成了良好的品德，并且他决心长大后做一个和戚景通一样正直的、文武全才的军人。

因为戚继光勤学苦练，外加品行端正，十五岁的时候，他就在家乡附近有了些小名气。看到儿子越来越出息，戚景通心中感到十分快慰。

有一天，戚继光一家人坐在一起闲聊。戚夫人想到家境的艰难，有些担心戚继光，便对戚景通说："咱们家里一直都勤俭，将来没有多余的钱留给孩子用可怎么办好呢？"

戚景通指着正在认真读书的戚继光说："他手里拿的不就是可以寄托一生的最大财富吗？"

戚夫人听了，想想家财万贯也比不上读书万卷，于是便会意地点了点头，心中顿时踏实了许多。

戚氏牌坊之父子总督坊

　　因为戚景通晚年辞官之后一直在家埋头著兵书，无心置买田产，也不多过问家事，致使家境一年不如一年。一些浅薄的人看见戚家日渐衰落，在背后冷嘲热讽："当了一辈子官，到老什么也不能留给后人，还自得其乐，真是个傻瓜！"

　　这些闲言碎语传到戚景通耳朵里，为了再次试探戚继光，他把戚继光叫到身边，说："孩子，作为一个父亲，我没能给你留下什么钱财，为此你会埋怨我吗？会感到遗憾吗？"

　　"您传给我那么多知识和武艺，并谆谆教诲我做一

戚氏牌坊之母子节孝坊

个正直的人，这些是任何钱财都购买不了的，我心中牢记父亲的恩德，永远不会感到为此遗憾。"戚继光诚恳地回答。

戚景通高兴地点点头，然后指着案头堆积的一束束文稿说："这些书稿是我多年经验和实战的总结，它凝聚着我一生的心血，我自信对国家会有些用处，现在我把这些传给你，待将来你找机会把它献给国家吧！"

戚继光非常受感动，跪在地上，激动地对戚景通说："父亲您把无私的品德传给我，以身作则教导我，如今又将毕生心血写就的书稿传给我，这是何等丰厚的财产啊！靠着它，我将没有什么忧愁，没有什么可惧怕的。父亲，感谢您给儿子最珍贵财富！"

戚景通七十二岁那年，不幸身染重病。他想趁自己未离人世之前安排好儿子的前程，就让戚继光到北京办理承继自己职务的手续。戚继光临行前，戚景通把他叫到病榻前，双手抖动着，把写好的文稿放在戚继光的手中，颤巍巍地反复叮嘱："这次你去京城，带着这些书稿，也是时候该把它们交给国家了。记住，这是将士们的血和命换来的！你可千万不能丢失损坏……"

戚继光泣不成声，发誓道："父亲放心，儿子今后纵使遇到千难万险，也不会丢掉父亲的一生心血啊！"

说罢，他拜别了双亲，到都城去了。

一个月以后，戚景通去世了。戚继光依照朝廷惯例继承了父亲的职位，开始了金戈铁马的军旅生涯，而戚景通留给戚继光的这个特殊遗产，也使得他在未来的抗倭战斗和带兵御下过程中受益匪浅。

龙山所之战

明朝嘉靖年间，有一年秋，在胡宗宪推荐下，戚继光升任浙江参将，防卫宁波、绍兴、台州三府。戚继光上任没几天，就接到警报，有一股倭寇正向宁波以北的龙山所逼近。

龙山所城，是当时海边防务的一个重要军事据点。有一天，海边来了大约六千倭寇，悄悄从海边登陆后，杀气腾腾地直奔着伏龙山和邱王岭而来，企图采取两面夹击的形式，妄图一举攻占龙山所城，重伤这个军事据点。

发现这个情况的邱王村守将潘大勇一面急急忙忙地派人向沿海守军据点报警："快去点燃烽火，示警，找人报告参将大人，有倭寇偷袭，请速派人支援。"一面亲自率部众在倭寇的必经之路——邱王村北的小山上摆开了阵势。

敌我相遇就是一张恶战。倭寇仗着人多势众，一波接一波的蜂拥而至。倭寇们越来越近。他们大多不戴帽子,头发梳得很奇怪。有的光着膀子,有的穿着盔甲,盔甲上装饰着金银牛角或者各种颜色的丝,活像小说中的魔鬼。他们都使刀,这种刀和中国的大刀不同,长而且窄,被称为"倭刀"。他们气势汹汹,以一些手持盾牌的做先锋,向明军冲了过来。潘大勇率领部下身先士卒,竭力截杀。力战几个时辰过后,由于敌众我寡,军力悬殊,明军的伤亡越来越大,潘大勇也在拼杀的时候不幸身受重伤。士兵看到将领受伤,内心慌乱,又兼之倭寇强攻,阵脚大乱,纷纷不敌后退。

龙山所城

就在这节骨眼上，接到倭寇袭击警示的戚继光，在击退了另一股倭寇后，马不停蹄地率百余名骑士赶来接应。

戚继光下令，"开火。"阵前的弓箭手、鸟铳手的箭和鸟铳齐发。倭寇群中立刻倒下几个，但他们野蛮异常，仍如狼似虎地向前冲。戚继光一看，前面快抵不住了，"擂鼓冲锋！"鼓声响起，明军大队冲了上去。短兵相接，明军的弱点全部暴露出来，面对人数远不如自己的倭寇，节节败退。

戚继光见形势危急，连忙跳到一块大石头上，大喝一声："援军已到，勿要慌乱。"之后又组织安排属下按步骤发动进攻。身先士卒冲进敌阵的戚继光在砍杀倭寇

三眼火铳（上图）、火铳（下图）

三眼铳手

的同时想：射贼先射王，如果倭酋死了，其余倭寇势必心思动摇。想到此，戚继光连忙弯弓搭箭。"嗖，嗖，嗖"，只听见箭羽划破天空的声音，倭寇三名倭酋的身影转瞬间栽落地下，顿时命丧黄泉。看到这种情况，跟在倭酋后面的倭兵果然慌了神，起初嚣张的气焰被恐惧淹没。

戚继光见倭寇已然阵脚大乱，立刻排兵布阵："将士们，倭寇已然被恐惧动摇，现在正是下手杀敌的好时机，大家一起冲，斩杀倭寇！"将士们听了戚继光的话，即刻拿起手中的武器围追堵截四处逃窜的倭寇。明军稳定了

阵脚，溃散的军兵重又集合起来。在戚继光的主持和带领下，士兵们重整旗鼓，开始积极开展反击。

附近原来被倭寇吓得躲起来的村庄百姓，看到这种情况，也拿着刀棒前来助阵："戚将军来了，戚将军来了，我们也去帮忙，把倭寇赶出去！"

军民一心，片刻便打得倭寇个个像没头的苍蝇一般四处乱窜。失了倭酋的倭寇像是跌入了低谷，纷纷慌不择路逃命不已。战争结束时，只见倭寇尸横遍野。据说，除了少数跑得快的，其余倭寇全被消灭。

后来，据说士兵和当地百姓为了纪念这次抗击倭寇的战争，把此次战役命名为"龙山所大战"，而戚继光"三箭射三酋，扭转战局"的故事也在民间传扬开了。

飞凤山歼敌

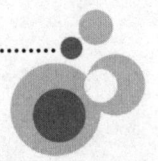

戚继光抗倭的事情在象山等地也有流传，其中就有这样一则：

话说因为戚继光在象山港沿岸布防得力，倭寇几次进犯都没占着便宜，因此很是不甘心。

有一天，象山港突然起了大雾，弥弥漫漫，看不清事物。接连失利的倭酋见到此种天气，顿时觉得这是天赐的良机，"哈哈，真是天助我也，今天大雾遮天，如果我们去偷袭，戚继光肯定不会防范。"于是就率领倭寇分别乘着十余艘大船前来偷袭。

倭寇的船队靠上陆地后不久，浓雾渐渐散去。起初，倭酋疑心有埋伏，小心翼翼地观察周边的情况："仔细察看，小心有埋伏"。

过了一会儿，见没看到什么奇怪现象，岸边静悄悄的连个人影儿也没有，倭酋心中大喜，把手一挥，命令

戚继光

倭寇纷纷跳下船,蜂拥着向一座小渔村扑去。

可得意的倭寇还没走得了百步,只听"扑通""扑通",跑在前头的几十个倭寇纷纷落入沟堑。"哎呦""哎呦"的叫声不断传来。原来沟堑里全是齐腰深的烂泥,落入沟堑的倭寇就像被束缚了手脚,动弹不得,只能如待宰的羔羊一般。倭寇还来不及惊讶,又听见一声炮响,附近的松林里哗啦哗啦竖起几面"戚"字大旗,顿时杀声震天,无数将士从飞凤山下的松林里跃出,挥舞着刀枪杀向敌群。那些陷在沟堑里的倭寇们，甚至还没明白怎么回事就已经成了刀下之鬼。后面的倭寇一看情况非常不好，撒腿便往回跑。"快跑啊，有埋伏，戚继光在这里！快逃命啊！"哪承想，戚家军一阵乱箭，又射倒一片。少数腿快的倭寇逃到了船上，赶紧扳桨离岸，企图逃往海上"快点划啊，快离开岸边，不然就死了"。

当贼船刚刚驶近薛岙门时，乌石山下又杀出一队兵马，杏黄旗上大书"戚"字，喊杀连天，箭如飞蝗，箭矢的"嗖""嗖"声不断传来，倭寇是纷纷中箭落水，逃得性命的不过十几个人。

天真的倭酋自以为这次偷袭神不知鬼不觉，定能成功。其实，他们的意图和动作尽在戚继光意料之中。于是，早就在飞凤山布下天罗地网，等着倭寇自动上门送死。也因为杀得倭寇几乎全军覆没，这一仗后，象山境内再没出现过倭患。

六根金条

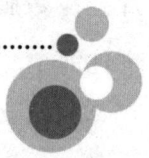

在镇海流传着这样一个有关戚继光抗倭的故事：

据说一天夜里，有股倭寇突然闯进三北海边的村庄，大肆地烧杀抢掠，好好的村庄被糟蹋得不成样子。许多百姓枉死在倭寇刀下。

该村有个丁记杂货店，老板名叫丁尧仁。因他头天出去收账，倭寇洗劫的时候正好不在，没有得到迫害。然而等他回到家，老婆、孩子已被杀害，家中财物也被洗劫一空。悲愤不已的丁尧仁抹着眼泪埋葬了妻子儿女，带着原先埋藏的金银，去找戚家军寻求帮助，决心报仇。

丁尧仁找到戚家军，见了戚继光哭诉到："戚将军，小人名叫丁尧仁，有个杂货店聊以为生。前几日，我外出收账，待回到家中却看见一片血光，我的妻子和年幼的孩子被强盗倭寇给杀害了，这是我曾经埋藏的金条，

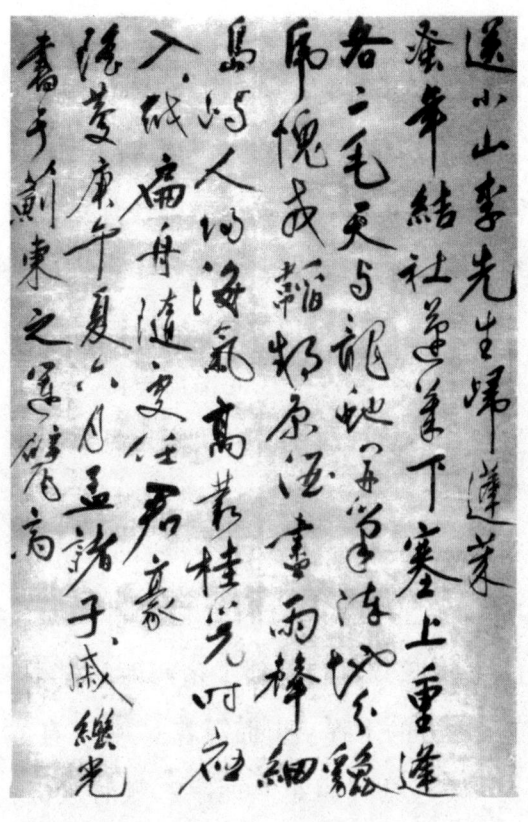

戚继光书法——《送李小山归蓬莱》

现在全部献给将军充作军费，我唯一的要求就是请求将军要帮我报仇，杀死残害我一家的倭寇。"

"先暂且不要悲伤，我已听说倭寇抢掠一事，身为军人我们势必会清剿倭寇，还百姓一个安宁。金条你就收回去吧。"戚继光温言安慰着悲伤的丁尧仁。

"戚将军，求求你务必收下金条，我现在妻儿已死，财务已成身外之物，唯求将军一定替我报仇。"

戚继光久劝不下，默默沉思了一会儿，便吩咐手下

收下了六根金条。

第二天，戚继光一早叫人做了四块大小不同的木牌，最大的有六尺见方，最小的只一尺见方，依次从东到西竖立在三北海边的大路旁，众士兵看了不解其意，询问戚继光何意。戚继光只笑着说："过几天看好戏便知其意。"

过了几天，有二三百名倭寇在三北沿海登陆。本着搜刮财物的他们见东首第一村前立着一块六尺见方的木牌，牌上写着："西村有黄金，无勇不可进。"见此木牌的倭寇，心中有点疑惑：这句话什么意思？真的有黄金？真的非勇士不可进？我们难道不是真的勇士吗！

在贪财本性的驱使下，倭寇们到了稍西面的村子。见村口又有一块四尺见方的木牌，上面写着："牌下有黄金，胆小不可寻。"倭寇见"胆小"两字，顿时气恼："难道我们胆小吗？巴嘎！快挖！看看到底是什么。"

结果倭寇没挖多久，还真的得到六根金条。于是，得了金条的倭寇大着胆子再往前走。没多远，迎面插着一块二尺见方的木牌，上面写着："西村有七斤，倭寇莫前进。"见此，倭寇们以为西村里还有七斤黄金，又觉得他们人多，不惧怕威胁，就不顾一切地再往西走。

到了最西面的村子，见一块一尺见方的木牌上写："七斤变戚军，倭寇要丧命。"倭寇见此哈哈大笑，以为

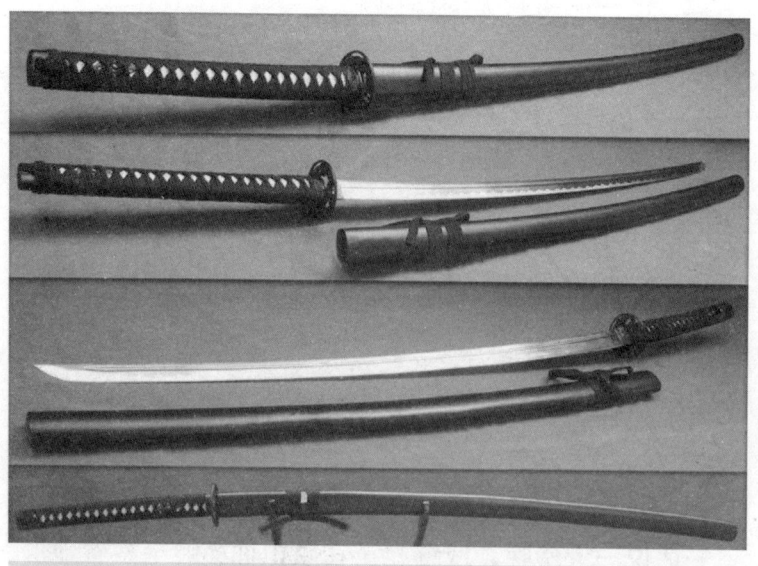

倭　刀

　　有人诓骗他们，可还没有等他们的笑声停止，芦苇丛中便杀出大批戚家军，瞬间将他们团团包围。

　　直到此时，倭寇头目才知道他们被这些个木牌和金条一步步引入了陷阱。而最终，这些为祸作乱的倭寇死的死，伤的伤，戚继光和他的将士们让倭寇为他们前面的行为付出了血的代价。

　　战争结束后，戚继光派人把六根金条收回，还给丁尧仁，并嘱咐他不要沉湎于伤痛中，要勇敢地重整家园。

借 潮

下面这则小故事还是发生在象山。

话说一天傍晚,戚继光正在象山仙霞岭上察看地形,忽然有探子来报:"报告将军,海湾处发现倭船,大约有几十条,正悄悄向山下的海湾驶来。"

听了探子的报告后,戚继光借着暮色朝海湾望去,

仙霞岭

只见远处海面出现数十个黑点，正慢慢向岸边靠拢。随行的将领们见此情况纷纷向戚继光请战，戚继光淡淡一笑："急什么，等他们上了岸，我们再收拾也不迟。"见手下将领们有点疑惑。戚继光如此这般地交代了一番，领悟之后的将领们哈哈笑着各自领命分头而去。

星辰坠天，天完全黑了，倭寇的船慢慢地靠了岸，胆大的倭寇只留下几名看守船只，其余的四五百名便在头子冈田带领下，贼头贼脑地向岸上摸去。

待大批倭寇远去之后，戚继光手下几个身手灵活机警的士兵便按先前的计划，前去活捉了看守倭船的几个倭寇。"快说，你们这次登岸的计划是什么？主要目标是哪里？不说的话，直接送你们上西天！"

倭寇本就惧怕戚家军声威，此番在将士们一番恐吓之下，更是怕得要命。一番审问之后，就从倭寇那里得知这样一个重要信息：原来倭寇们约定了示警的暗号，遇到紧急情况点起一堆大火。戚继光听后说："那我们就来个将计就计。"

戚继光命令一部分士兵把倭船驶离岸边，在海边五六十米的地方使船抛锚，其余将士则埋伏在岸上。待一切安排就绪后，命人在沙滩上燃起了一堆大火。

且说那伙打算进村抢劫的倭寇，刚到村头就看见海边火光冲天，以为是守船倭寇发出的求救信号，便窝火

地往岸边赶。"巴嘎,快撤回岸边,有情况发生。"

待这帮倭寇气急败坏地赶到海边时,却见全部船只都静静地停泊在离岸不远的海中,就是不见守船的倭寇。冈田顿时觉得不妙,于是下令下海抢船,"情况不对,有埋伏,快点下去抢回船只"。

戚继光舰队开浪船

大批倭寇纷纷跳到水里，待离船只有二三十米远时，忽然一声炮响，船上竖起了"戚"字大旗，同时万箭齐发，抢在前面的倭寇纷纷中箭，其余的掉转屁股就往岸边逃。可还没等上岸，又是一声炮响，岸上也竖起了"戚"字大旗，杀出无数勇士，一齐向海中的倭寇放箭。倭寇慌了神，上岸吧，迎接他们的是箭，下海吧，等待的还是箭。

而这时，戚继光看了看海湾："估计海潮也快来临了。"没多久，果见一排排巨浪呼啸而来，一排接一排扑向海中的倭寇，上涨的潮水一会儿工夫就没过了倭寇头顶，倒霉的倭寇转瞬便见了海龙王。

后来消息传开，戚继光被人们视为能够招水呼潮的神人，而那些倭寇呢，一听见"戚继光"的名字就心惊胆寒。

巧授空城计

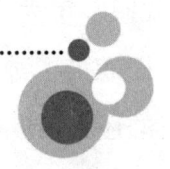

空城计可不是诸葛亮的专属，据说戚继光在抗倭战斗中也曾巧妙地施过这一计策。

宁波市北仑区小港一带有座戚家山，山上有个戚家山营垒，据说是当年驻扎戚家军的地方。

那时候，这山名还是叫七家山的，戚继光率领戚家军驻在这里，因与倭寇交战，戚家军屡战屡胜，搞得倭寇们听到戚继光的名字就吓得胆战心惊。

一天，倭寇头领得知戚继光被削职为民、戚家军被解散的消息后，大为高兴："哈哈，太好了，戚继光居然被他们的皇帝给罢官了，真是天大的好消息呀。还有他那曾经威风八面的戚家军也被解散了！没有了戚继光，没有了戚家军，这里就成了我们的天下了。来人，快点整顿人数，我们杀进七家山。"

当天夜里，倭酋便带大队人马杀气腾腾地直扑七家

戚家山营垒

山。

到了山下，倭寇见山上亮着几盏风灯，战鼓咚咚地响着。倭酋不知虚实，有点儿犹疑，但又心想：戚继光走了，还有啥好怕的！只要不是戚家军，其他人还能拦得住我们吗！于是下令攻山。

倭贼一窝蜂拥去，一路上都没遇到抵抗。等上了山顶，只见寨内有四只山羊被悬空吊着，下面是四只战鼓，那"咚咚"的鼓声原来是羊蹄乱踢乱蹬发出来的。当时四周不见一个人影，只有几盏风灯在风中摇曳。倭酋一见这种情况，心中犹疑，觉得可能大事不好，正在疑虑要不要下令退兵。忽听一声炮响，四面亮起无数火把，

呐喊声四起，数路人马打着"戚"字大旗提刀挥戈杀了出来。早已被戚家军吓破了胆的倭兵哪有心思恋战，扔下一地尸体没命地逃窜，没来得及逃走的都乖乖地举手投降了。

原来，戚继光早已料到倭寇会趁他离去时进犯。为了保护北仑百姓，他冒死违抗了皇命，留下义子戚荣，并向他密授了"空城计"。

戚家军在七家山大败倭寇后，当地百姓便将"七家山"改名为"戚家山"。山上至今还留有周长约600米、以块石垒筑的戚家山营垒遗迹呢。

威远城

横屿大战

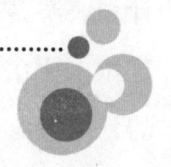

　　戚继光的抗倭行动很快就被沿海的百姓传的人尽皆知。那时候，福建的倭患也十分严重。他们丝毫不把当地官员放在眼里，烧杀抢掳，杀官劫民，十分猖獗。嘉靖四十年秋，倭寇在浙江接连遭到致命打击，便转移到南方，福建的倭寇更加严重起来。北起福宁，南到漳州、泉州，沿海千里，到处都有倭船，到处都有倭寇的巢穴。

　　情况紧急，戚继光接受紧急受命，去福建抗击倭寇。戚家军开到宁德，驻扎在那里，准备收复横屿。

　　横屿是福建倭寇的巢穴，是海中的一个小岛。在宁德县城东北二十余里，离岸约十里，和大陆隔着一片浅滩，沙滩上泥泞不堪，地形复杂。倭寇在岛上安营扎寨，筑起坚固的防御工事，打算长期盘踞，做为四处抢劫的根据地。他们依仗着险要的地势，对明军丝毫不以为意。明军如果涉水强攻，困难重重；如果用船登陆，又有搁

浅的危险，一时间让明军将领十分为难。岛上有倭寇一千多人，另外加上分散在宁德、福清境内的倭寇一万多人，彼此呼应，力量不可忽视。

戚继光先去拜会了福建巡抚游震得，和他商讨作战计划。游震得素闻戚继光的大名，对他十分佩服。但是，这位书生出身的地方官对打仗却不大在行，听说要打横屿，十分吃惊地说："一个小岛有什么可打的？"戚继光向他解释半天，他才明白过来，表示全力支持戚继光，让他放开手脚抗倭，只要他开口，他就着手安排。戚继光深受鼓舞。

攻打横屿，最大的问题就是当地百姓与倭寇的勾结。在宁德县（今宁德市）不远有个张湾镇，镇上有许多奸民为了一点小利而和倭寇勾结。他们听说戚家军要收复横屿，早就吓得半死，又知道逃不过去，便组织起来，打算抵抗到底。

戚继光知道，这些百姓并非都是大奸大恶的人，只是贪图小便宜。而长期的战斗实践让戚继光十分清楚"上兵伐谋"的道理。对于敌人，用计谋打败他们，尽量避免自己的损失，是最上等的策略。对于这些奸民，他认为不应该攻打，而应该收抚。

第二天，张湾镇上就贴了"安民榜"，上面的大意是"凡是与倭寇勾结的人，之前所有的罪都可以免除，绝不追究。并希望他们能以民族利益为重，不与官兵作对"。那些与倭寇勾结的人其实都不想跟戚家军为敌，可是这张安民榜上说的也不知算不算数，是否真的不再追究他们。大家商量了一下，决定先派一个人去试探试探，如果真的不受追究，他们决定从此再不与倭寇为伍；如果是假，是戚继光的圈套，他们就联合起来，继续和戚家军作对。

于是，大家派出一个机灵的人，叫李十板，去见戚继光。一见面，李十板扑通一声就跪下了，先是一五一十地交代了自己的罪行，并表示从此悔过自新。戚继光扶起他，说："如与倭寇为敌，大家就都活不下去。有些人和倭寇为伍，只是混口饭吃。没事，我不怪罪你。你回去告诉别人，说我戚继光说话算数，只要你们悔过自新，绝不与你们为难。"

李十板十分感动，回去告诉了村民。那些人心中也甚是感动，自动解除了武装，有些人还主动提出帮戚继光杀倭寇，李十板自己就成了戚家军的向导，出了许多计谋。戚继光不费一刀一枪，瓦解了两千多人的抵抗队伍，又切断了倭寇和岸上的联系，极大地削弱了倭寇的实力。

戚继光到海边勘探地形。他问了许多情况，李十板跟随在戚继光身边，主动将岛上有多少倭寇、倭寇的据点如何分布、兵力布置等，一一做了回答，戚继光很高

兴，对岛上情况的初步了解让他对这场战役信心大增。

他又找来一些有经验的渔民，询问了气候、风向变化和潮汐规律等情况。对这一带的情况有了深入的了解，细细的思量之后，一条破敌的良策也形成了。

戚继光又一次拜见了巡抚游震得，戚继光开门见山，严肃地说："巡抚大人，我需要十万斤稻草，你能替我解决吗？"

"你要那么多稻草干啥？"游震得一愣，疑惑地问。

戚继光走上前，冲他耳语几句，游震得听得连连微笑，一个劲儿地点头说："好计，好计！"

戚继光与戚家军

经过戚继光的详细部署，一切准备就绪，只等天时地利，一鼓作气打败倭寇了。

八月初八，是小潮的日子。戚家军从张湾镇出发至关田渡，原地严阵待命。戚继光看着手下士兵，决定在激励大家一下。于是让人把手下军官叫来，指着对面海岛说："这次战斗，敌人早有防备，必是场恶战。并且我们趁落潮时登岛，如果不能消灭敌人，潮起时，战船也过不去，那时后果就不堪设想了，所以今天是破釜沉舟，背水一战。当然，这个行动很冒险，需要坚强的意志，需要很大的胆魄，如果诸位没有信心，这个险就不必冒了。"

众将听了，十分激动，纷纷说："我们翻千山过万水地来到这里，为了什么？我们能在这个时候胆怯吗？"

戚继光故意说："有这样的胆子当然好，可我就怕大家到时候看到地形险恶，会心生退缩啊。"

众将群情激奋，争先表示：愿意以实际行动证明戚家军的威名。

戚继光见士气如此高昂，暗自心喜。他接着说："好！那么我们准备进攻。我为你们擂鼓助威。"

潮退了，露出浅滩。远望横屿，隐隐可见倭寇的旗帜和堡垒。进攻的鼓声响了，戚继光和十几个壮小伙，脱了外衣，使劲擂鼓，鼓声隆隆，振奋人心。先锋队的

戚继光撰写的兵书——《纪效新书》

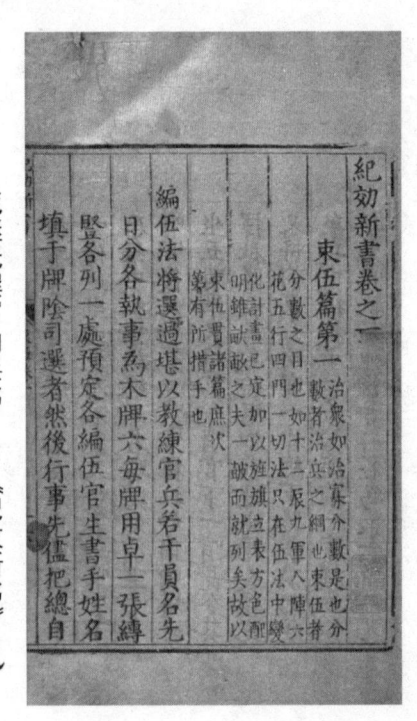

每个士兵都背一捆稻草，遇到烂泥就铺草垫路，泥泞的沙滩上，很快就铺上了很多稻草，但是即使这样，依然处处陷阱，路还是不好走，泥太软，一不小心便会掉到泥里去，士兵们只好在草上爬着走。鼓声一停，他们就休息一下，鼓声再起时，继续前进。

终于，战士们逐渐接近了岸边。岸上的倭寇们早就被鼓声吓得如惊弓之鸟，做好了十足的准备，他们沿山麓布成阵势，还有大批倭寇在巢穴的木城边守卫，戒备森严，不断放箭不让戚家军接近。但是戚家军的战士们很清楚，这次是背水一战，只能进，没有退。吴惟忠部最先上岸，戚继光交给他们的任务是攻打木城。登岸之后，人人奋勇，向敌人杀去。陈子銮、童子明的部队也上了岸，他们向南冲杀。陈大成军队也上来，直向敌军冲去。岛上一片混战，喊杀声和战鼓声掩盖了大海的涛声。

担任断绝敌军后路的王如龙见主力部队已登岛，立即率部随后赶到，投入战斗。

吴惟忠率领士兵们点火焚烧栅栏，岛上冲起一道道浓烟。看见老巢着火，倭寇们本来低落的士气更加人心浮动。众将见吴惟忠已经得手，便从四面合围，向中心突破，很快控制全岛各处要道。倭寇见大势已去，到处乱窜，企图逃命。戚家军乘胜追击，共消灭倭寇两千多人，夺回被掠百姓三千多人。不到一天时间，戚家军收复了被倭寇占领长达3年之久的横屿。消息传出，福建人民欢欣鼓舞，无不称赞戚家军英勇善战，吓得沿海倭寇更是望风而逃。

农历八月十五，戚家军凯旋进入宁德县城。百姓们张灯结彩，既为欢庆胜利，又为庆祝中秋佳节。这晚，天空如碧，明月皎洁如银。戚继光为庆贺胜利，与将士们共同赏月。可惜军中无酒，戚继光就口授《凯歌》一曲，命令士兵传唱。戚家军将士慷慨激昂，打着拍子，同唱《凯歌》，"万人一心兮，泰山可撼。惟忠与义兮，气冲斗牛。主将亲我兮，胜如父母。干犯军法兮，身不自由。号令明兮，赏罚信。赴水火兮，敢迟留？"声音豪迈雄壮，响彻天空。

海门夜警

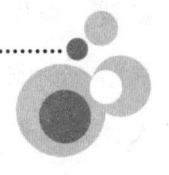

有一年夏天，戚继光率军来到海门（今椒江）一带抗倭，与当时驻守海门卫的谭纶会合。因为戚、谭本是旧识，又曾在宁波的龙山所合作大败倭寇，一别经年，如今在抗倭战场上再次相见，都倍感高兴，谭纶拉着戚继光说："此次你我再次合力抗倭，确属不易，今晚定要庆贺一番。"

谭 纶

椒江戚继光纪念馆

"一切谨遵大人安排。"戚继光道。

下面的将士一听两位将军如此说，顿时也是高兴万分。一时间，海门卫城里杀鸡宰鹅，到处洋溢着欢庆的气氛。

巧合的是欢宴的当夜恰逢大雨，倭寇探子见海门卫里一片欢腾，悄一打探：原来此刻正在举行庆祝活动。倭酋得知探听的信息，便召集倭寇开会："今晚大雨，又探听海门卫现在欢宴，我想，海门卫守卫定比平时松懈，若我们今夜去偷袭，必能事半功倍。"

倭寇们等到半夜，海门卫的欢宴散了，将士们都陆

陆续续休息了。他们觉得偷袭的机会来了。来到海门城下，倭寇悄悄架起梯子，贼头贼脑地爬上城头。而这时，夜半巡视城防的戚继光正站在城墙上，倒霉的倭寇正好撞在戚继光刀口上，手起刀落，短短一瞬间，为首的几个倭寇立即身首异处。

原来事情是这样的，戚继光睡到半夜，听到外面雷声大作，风雨交加，出于军人一贯的警惕性，觉得该去看看城防，以防万一。于是他便带了十几名亲兵冒雨到城上巡视。不曾想刚来到西门城头，就恰好遇见倭寇爬上城头。当时情况紧急，戚继光除了一面挥刀上前杀贼之外，一面还传令报警："倭寇来袭，快报警！"

随从的亲兵高呼："倭寇来袭，主将已上城杀贼，大家快来杀敌呀！"城内的将士们被喊叫声惊醒，拿起武器急忙奔赴西门城头杀敌。城下的倭寇见越来越多的士兵奔来，偷袭不成的他们只能破口大骂："巴嘎，遇到戚继光了，快撤！"之后，丢下几十具尸体，趁着雨夜灰溜溜地逃走了。

战后，戚继光除了和士兵们庆贺再一次大败倭寇外，也考虑了防卫和示警的安排。戚继光说："此次倭寇来偷袭让我想到一个问题，那就是如何在遇袭时更快捷有效的报警。光靠士兵的喊叫来示警肯定是不足的，万一遇到恶劣的气候条件或其他，人的声音传不了多远，而且这种方式示警比较容易出现偏差。"

经过几番考量之后,戚继光命人把庆善寺里的铜钟运到海门卫,并将其安置在城隍庙右的钟楼上,遇袭的时候就司专人敲响铜钟,这种方式声音不但传递很远,而且不受其他条件限制,将士们都觉得比较实用。

后来,海门人民为了纪念戚继光,就把东山脚下的城隍庙改建为戚公祠,20世纪80年代中期又改建为戚继光纪念馆。那口报警用的铜钟,现在枫山半腰的钟亭内,被列为重点文物保护。

戚继光纪念馆,原为海门卫城隍庙暨戚公祠。

狼筅破倭刀

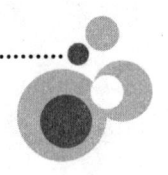

浙江省台州市椒江区界牌乡沙王村公路边，早先有一座戚继光平倭的纪念亭，亭中立有一块石碑，亭柱上还有一副有趣的对联："小坐听松涛万斛，闲谈看倭冢千堆。"说的是当年戚继光抗倭的事迹。当地人说，这里就是当年戚继光的兵将用狼筅破了倭寇大刀获得全胜的地方。

当年的倭寇打仗时，经常赤膊，人人使一口倭刀，这刀锋利异常，劈起人来，十分厉害。戚继光为了克制这种厉害的武器，便召集将士们一起商量破敌的计策："将士们，我们不得不承认，倭寇的倭刀确实比我们的战刀锋利，但我戚家军绝不会被小小一把倭刀克制住的，今天召集大家，就是和大家一起商量一下有什么办法能克制倭刀，减少我军伤亡。"坐下众人议论纷纷。

有个老军士提出这样的建议："将军，用民间老百姓

狼筅

晒衣服用的撑榔（撑榔：浙东民间支撑晒衣竿用的竹子，竹节间有丫杈。）对付倭寇的大刀，这种方法应该最妙。"

众人疑惑不已，都觉得不可思议。为什么呢？倭刀劈人都不费什么劲儿，晒衣服的杆子怎么能抵挡得了！戚继光也有点怀疑，"你且说说理由。"

老军士说："大家只知道撑榔是用来晒衣服的，但老的撑榔不但柄长而且叉多，若用此做武器，可抗敌于六七步之外，因为敌人怕它七枝八叉伤眼睛和皮肉，所以进攻时不敢太过逼近。而且如果倭寇举刀劈过来后，用它抵挡的话，砍刀会被嵌进竹中，一时间拔不出来，这时候我方利用叉头尖利的优势乘势直刺过去，敌人必定惨败。"

戚继光听了这个建议后大加赞赏："此法甚妙！多谢老军士献策。安排下去，让士兵人手一个撑榔作为后备武器。"后来，戚继光又在撑榔的基础上做了进一步设计，一种叫做狼筅的兵器诞生——即在撑榔竹的顶端装上利刃。

这种新的兵器很快被配发到士兵手里，若配合戚家军鸳鸯阵的打法，能使长短兵器互相结合，提升作战优势。后来这种武器在与倭寇的决战中发挥了很大作用，那一战不但大败倭寇，这种新型的武器也使得倭寇一看到戚家军的这种武器阵势就恐惧得肝胆俱裂，两股战战。

鸳鸯阵

东门岭头三冲炮

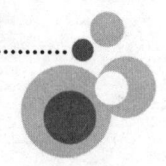

如今浙江省台州市椒江、临海一带，还流传着这样一首童谣：矮卵卖烧饼，一卖卖到东门岭，东门岭头三冲炮，把个矮卵吓得呀呀叫。逃到临海就倒灶，满江尸首浮泡泡。

说起它的来历，还有个故事呢！

那是明朝嘉靖年间，戚继光带兵在台州一带抗倭，手里只有三门大炮，可就是这仅有的三门大炮使倭寇吃尽了苦头。

一天清晨，大雾弥漫，大批倭船趁着大雾将船开到椒江口外，准备上岸抢劫。一个倭兵道："我听岸上的百姓说戚继光就在这附近，而且更厉害的是他手里还有三门大炮。"倭酋问："确定真的有大炮？大炮在哪里？""大炮肯定有，但不知其具体位置"倭兵答。

倭酋思考了一下，指着几个倭寇说："你的，你的，

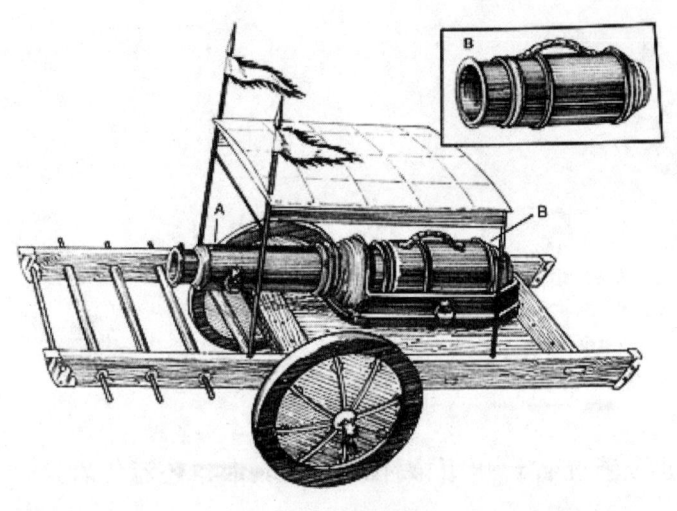

佛郎机

还有你的，你们的几个扮作卖烧饼的，先混进城去探探有没有大炮，架在哪里，然后速来汇报，快快地。"

几个倭兵一边吆喝着卖烧饼，一边贼头贼脑地东张西望，打听大炮的信息："老乡，戚将军到底有没有大炮啊，怎么没看见架在哪里啊？据说倭寇又来偷袭了，没看见大炮我心里确实有点不踏实啊。"

"呵呵，放心好了，大炮真的有，你不知道那大炮就在东门岭上？"买烧饼的无心地回答。

听了这话，几个倭兵急忙来到海门卫东门岭山脚，抬头望去，果然看见迷雾中的城头上架着三门大炮，威风凛凛，正对着椒江口。三个倭兵赶紧跑回江边的倭船，报告说："东门岭上大炮大大的有，危险大大的。海门的有，临海的没有……"

倭酋一听此消息，顿时大喜不已，立刻下令大小船只顺着潮水沿椒江、灵江逆流而上，直抵临海。到了城下，只见临海城头堆着几堆柴草，几名军士懒洋洋地在巡逻，毫无防备的样子。倭酋以为奸计得逞，手一挥，大小船只纷纷靠岸。就在这时，忽然一声炮响，临海城头顿时现出无数守兵，掀去柴草，露出三门黑黝黝的大炮。倭寇目瞪口呆，还没等反应过来，大炮便开火了。随着一阵接一阵惊天动地的巨响，倭船被炮弹击中，翻的翻，沉的沉，倭寇的浮尸也飘满了江面。

也许，这些倭寇到死也没弄明白：既然海门东门岭头架着三门大炮，这临海城头的大炮又是哪来的呢？当然了，他们做梦也想不到，东门岭上的大炮是用木头做的，那是戚继光施的疑兵之计，而那个告诉他们东门岭有大炮的人，也是戚继光猜到他们可能是倭寇而故意安排人透露的。可怜的倭寇，在"狡猾"的戚继光手里，只能不断吃暗亏。

明代佛郎机实物图

智设蛇阵

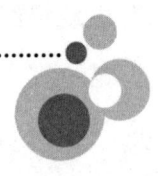

据说有一年戚继光率领五百名戚家军驻守桃渚城,被两千多个倭寇围困。敌众我寡,人数悬殊,情势十分危急,戚继光和他的戚家军顿时陷入困境当中。

虽然敌我差距较大,戚继光没有任何退兵的想法。这一天,正当戚继光苦思破敌之计时,下面士兵来报:"禀将军,外面有个叫柳三的,执意要参加我们戚家军。"

"那他为何参军?"戚继光问。

"说是为他惨死的妻子儿女报仇。"士兵回答。

"上阵杀敌是我们军人的职责,普通百姓怎么行?再者,杀敌不是凭借仇恨就可以的,好言相劝之后让他回去吧。"戚继光不想百姓枉送性命便吩咐道。

可士兵劝解无效,士兵只好带着柳三来见戚继光。

"小民拜见将军,请将军收下我吧。我一家都被倭寇害死了,这血海深仇我一定要报,恳请将军成全。"

"老乡啊，不是我不收留你，上阵杀敌随时都可能丢失性命，身经百战的将士都是如此，何况你一个平头百姓。你还是回去吧，你的血仇我们一定会为你讨回来的。"戚继光无奈的劝解。

"将军，小民虽不如将士们勇猛有经验，但我从小养蛇，熟悉毒蛇的习性……"

戚继光听到这里顿时眼睛一亮，立时拉起柳三："你对毒蛇真的有把握掌控？"

"啊？嗯，是的，将军，小民自小玩蛇，对蛇的习

桃渚古城（抗倭名城）

桃渚抗倭城

性确实很了解,而且小民自己还曾饲养毒蛇,不信将军可以派人去打听打听。"

戚继光大喜,"好啊!太好了!老乡,这样吧,你先住在军中,明日我派人来喊你。"

第二天,戚继光命人召集将官,并派人将柳三也带到了议事厅。如此这般，这般如此地对柳三等人做了一番布置后，戚继光让他们各自去做准备。

第三天，倭寇又在城外耀武扬威，扬言若不快快献出金银，就要攻进城去，将戚家军和城内百姓杀个鸡犬不留。守城的军士听了假装十分害怕，"别，千万别，稍等片刻，金银立马献上。"没过一会儿，城头上果然依倭寇所言扔下一个精致的木盒："这里面有金环银环，是专门为两个头领准备的，请笑纳。"倭寇头领一个叫辛三郎，一个叫木村，可两人都怀疑盒中有鬼，怕中圈套的两人谁也没敢动那木盒。

没过一会儿，城上接着又扔下十几个沉重的布包，其中一个布包因没有系牢，"哗"的一下散开了，里面的散金碎银、珠宝首饰散了一地，在阳光下闪闪放光。倭寇们一见，纷纷去抢。辛三郎和木村早就对那木盒心里痒痒了，此刻看见那满地金银，哪里还有什么怀疑，俩人你争我抢地揭开盒盖，看也不看地伸手就抓，只听"哎哟""哎哟"两声惨叫，俩人扔了木盒就跑，可是没跑几步就双双倒在地上，一命呜呼了。再看那些一窝蜂似的去抢地上的金银和布包的倭兵，也是一连声地惨叫，一会儿工夫就躺下了几十个。

这是怎么回事？原来呀，木盒和布包里装的根本不是什么金银财宝，而是柳三养的毒蛇。想想，被毒蛇咬

戚继光发明的虎蹲炮

了，还能活吗？而这正是戚继光想出的妙计！

正当倭寇痛苦连天哭喊不已时，更加雪上加霜的事情发生了：城头鼓声大作，桃渚城门户大开，戚家军从里面冲杀了出来，柳三也挥舞着大刀冲在前面。倭寇没了头领就像没了脑袋一样，方寸大乱，外加毒蛇威胁，哪还有心思抵抗，各个都恨爹娘少生了一条腿，丢下几百具尸体，逃之夭夭。

从此，民间开始流传这样一首歌谣：哪里住着戚家军，山长刀，地生钉，小小桃渚城，千条毒蛇咬煞人！

智斩河野满

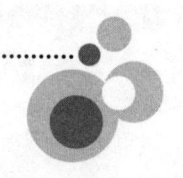

倭寇作为明朝年间的一大危患,早就被沿海百姓深恶痛绝。戚继光打得倭寇胆战心惊,他的无数事迹都被百姓代代相传。其中有一则用猴子大战恶寇的故事更为人称道。

那一年,福建的福清县(今福清市)倭寇猖獗,朝廷派戚继光前来扫平此地的倭寇,为百姓除害。戚将军带来的人马不多,只能张贴告示,招募新兵。当地百姓听说是跟随戚继光打倭寇,争先恐后报名参军,几千新兵只用了几天的工夫就招到了。

看着昨天还在田里拿着锄头耕田的新兵,戚继光当即决定,要把这些新兵训练成一支强悍的抗倭军队。新招来的士兵不会打仗,戚继光就在山下设立练武场,亲自教他们舞枪弄刀,操练阵法。

没几天,戚继光就发现了问题。新兵们都不认真训

练,总是呵呵地笑。他向四周一看,就发现了问题的原因。原来,训练的地方四面环山,山上有许多猴子。猴子看见新兵操练,觉得挺新鲜的,都躲在石缝里观看。看着看着,它们也学习士兵的样子,捡起树枝当做刀枪,随着操练口号声,士兵出枪,它们也出"枪";士兵劈刀,它们也劈"刀"。那样子可滑稽了,逗得新兵们忍不住嘻嘻哈哈笑出声来,大伙一笑,队伍就乱了套了。

戚将军看见那些嘻嘻哈哈的士兵很是生气,可是怎么

中国古代兵器

办呢？这些新兵都是等着上战场的，这样下去，训练不是白费了吗？他沉吟片刻，灵机一动，下令当地猎人，在三天之内把山上的猴子统统活捉起来，但不准杀死。猎人们接了命令，连夜上山，辛苦了三天三夜，果然把四周山上的野猴子都捉来了。数一数，大概有两三百只。

猎人押着猴子，来见戚将军，问道："将军，怎么治猴子的罪？是杀头呢？还是剥皮？"

戚将军看着那些抓耳挠腮、机灵可爱的猴子，笑了笑，转脸问新兵们："你们中间有没有会耍猴的？站出来。"

新兵们都是当地的百姓，干哪一行的都有，所以一下子就站出来十几个。戚将军把他们叫到一边，如此这般地吩咐了一番。那十几个士兵听了戚将军的吩咐，就把猴笼装上马，拉走了。

在这以后没了猴子的骚扰，戚将军操练新兵就顺利多了。几个月过去，一支武艺高强、勇猛威武的军队就诞生了。新兵们的武艺更是非同一般。戚继光找到那些耍猴的人，问了问猴子的情况，认为打击倭寇的时机已经到了。

倭寇的头子叫河野满，是个烧杀抢掠，杀人不眨眼的魔王。他很早就听说戚继光武艺高强，用兵如神。但是转念一想，戚继光只不过带着一支刚刚训练出来，从

没上过战场的新兵队伍，人数又远远不如自己多，有什么好怕的，就没把戚继光放在眼里。

第一天，戚继光刚刚率大军来到倭寇营前，河野满就气势汹汹地上前喊阵，点名要戚继光出来交战。他的话音刚落，戚家军中就冲出一员白袍小将。他和河野满战了十几个回合，招架不住，回马便走。戚家军也随着向后撤退。河野满得意扬扬，立刻率领人马乘胜追击，一直追到天黑，双方才就地安下营寨。

第二天，戚家军中出战的是一员黄袍老将，他与河野满也打了十几个回合就招架不住了。于是戚家军又连连后退。倭寇又追了十几里。

第三天，河野满出马挑战，这回戚将军亲自出马，谁知河野满竟然这般厉害，戚继光与他战了三四十个回合，也渐感体力不济，只好掉转马头，带领戚家军撤退。河野满便率领倭军，紧追不舍。

这样一来，河野满更加得意了。对手下说："戚继光也不过如此而已啊，哪有那么厉害。看我把他打回老家去！"

黄昏时分，戚家军退进大山中的一片谷地。倭寇大队人马也追了进去。河野满向四下一打量，只见四周高山耸立，柘树参天，两边两座山峰像老鹰的双翅似的高高举起，地势非常险要，天色又暗下来。河野满生怕中

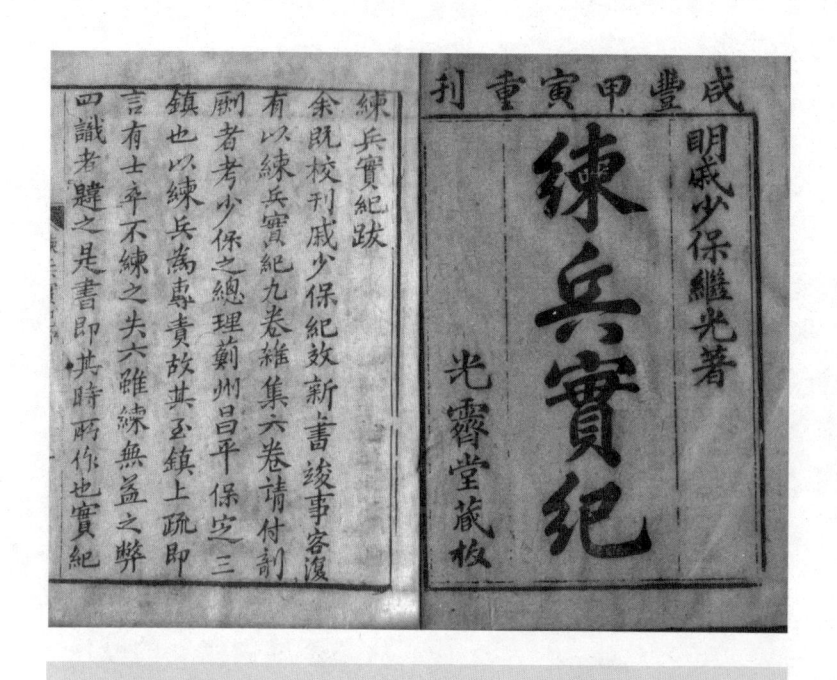

戚继光撰写的《练兵实纪》

了埋伏，谨慎地派了几个小兵到四周山上侦察。不一会，侦察的小兵回来报告，说山上没有埋伏，只有许多猴子跳来蹦去。河野满听了顿时放下心来。猴子而已，能出多大的乱子。河野满决定提前庆祝胜利，他吩咐把抢来的酒肉分给手下，痛痛快快大吃大喝，准备明天一鼓作气，把戚继光打垮。

天黑了，倭寇牛皮帐篷里，都点起了松油火把，灯火通明，猜拳声、碰杯声响成一片。就在这时，突然，四面山上"当、当、当、当"响起了一片铜锣声，只见

中华爱国人物故事

山上的几百只猴子听到锣声后,纷纷从山上窜下来,抓起藏在树丛里的稻草捆成的草把,连蹦带跳地直朝倭寇的帐篷里钻,它们又反转稻草在松油火把上把它点着。草把一着火,就像放爆竹似的,"轰!""啪!"炸开来,猛烈的燃烧。不一会儿,牛皮帐篷一顶接着一顶着了火,倭营立刻变成了一片火海。

倭寇们被烧得抱头鼠窜,死的死伤的伤。河野满这时才知道中计了。山上的猴子原来是戚家军派来放火的"敢死队"。他带着没被烧死的人马,想冲出火海。

这时,只见周围大山上亮起无数火把,四下里响起一片"杀尽倭寇"的喊声,戚家军从山上杀下来了。

倭寇先朝左路突围,只见左边山上一员白袍小将把手一挥,利箭就像雨点一般射来。倭寇又转右路冲,只见右边山上一员黄袍老将带领许多士兵,一阵呐喊,从山上滚下许多大石块、粗木头,砸得倭兵哭爹叫妈,狼狈不堪。

河野满只好硬着头皮,

戚继光画像

转向正前方大路逃命。没逃出一箭地，只听见前面林中一声炮响。一彪人马好像从天而降，挡住了去路，为首一员大将，手执钢枪，正是戚继光将军！

河野满心想：今天是上天无路，入地无门，只好拼一拼了。他举起大刀，狠狠地朝戚将军劈来。戚继光大喝一声，用钢枪使劲一挡，只听见"嗖"一声，河野满的大刀像断线的风筝，直飞出去一两丈远。戚将军跃马上前，一把抓住河野满前胸，大声喝道："大胆倭贼，侵我国土，杀我百姓，要知道中华河山，神州大地，岂是你贼子横行的地方！今天，你的末日到了！"说完，一枪结果了他的狗命。

倭寇们到死也没弄明白，这猴子怎么会当上"敢死队"的。原来，戚将军见猴子学士兵操练，就心生一计，他让十几个会耍猴、驯猴的士兵把捉来的猴子运到野鹰谷，教它们用草把点火，这样一来，猴子只要听到锣声一响，就会跳下山来放火，戚将军还命令士兵们在山上准备了弓箭、石头、木头，布下天罗地网，只等着倭寇们自投罗网。

戚继光将军在野鹰谷让猴子当"敢死队"，消灭倭寇的故事，很快就在东南沿海一带传开了。听到的百姓无不拍手称快。

巧摆斗笠阵

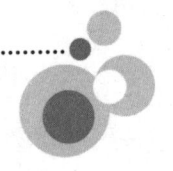

倭寇们在戚继光手里吃了无数次亏，被打得只敢龟缩在沿海的岛屿里，凭借着海域的优势严防死守。戚继光面对着变幻无常，鬼神莫测的大海，一时也毫无办法。

这天。戚家军追击倭寇到了斗美村。看着海面上波涛起伏的海水，戚继光想，怎么安全渡过海面攻打倭寇呢？大海一望无际，宽阔平坦，只要一靠近海岛，就会被敌人发现，炸个粉身碎骨。强行突击只会让士兵损失惨重。戚继光想呀想，很快就让他想出了一条妙计来。那时正是春雨季节，连日细雨蒙蒙，虽然大海一望无际，没有什么遮掩的屏障。浯屿岛沉没在雨雾之中，五步开外就只能看得模模糊糊，视线不清了。

有一天傍晚，站在船头放哨的倭寇，突然看见海面上有几个"人"随着波涛起起伏伏，顿时吓得大喊"戚家军来了！戚家军来了！"所有倭寇都吓得心惊胆战，吃

艨艟——中国古代进攻性快艇

饭的顾不上吃就搁下饭碗，睡觉的顾不上穿衣，慌慌张张挤向船头。

只见海面有二三个戴斗笠的戚家军凫游而来。倭寇将长钩套绳、船竿都动用起来。待那二三个"斗笠兵"靠近船边时，倭寇用长钩钩起一看，才发现这哪儿是什么人啊：一个大斗笠绑在一只圆不溜秋的陶器手柄上。陶器有一个口用木塞子塞住了。浮在水面上就像人在凫水一样。倭寇把这二三个圆不溜秋的东西都钩了上来。

陶罐里装的是什么呢？倭寇们小心翼翼地围在一起，轻手轻脚地打开了陶罐。"嗡"罐子里飞出一片黑云，原

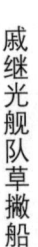

中华爱国人物故事
ZHONG HUA AI GUO REN WU GU SHI

戚继光舰队草撇船

来是一大片的虎头蜂。这些虎头蜂闷在陶罐子里半天，一下子飞了出来，嗡嗡嗡乱窜，逢人便叮。这虎头蜂是毒蜂，蜇到那里不仅痛得哇哇叫而且又肿又痛。几个陶罐子的虎头蜂在船头乱飞乱叮，弄得倭寇抱头鼠窜，差点把贼船闹翻。

又过了半个时辰，灯影下，见海面上又浮来了许多

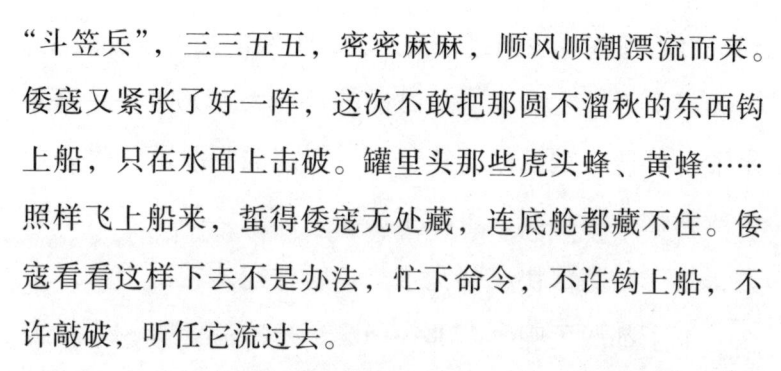

"斗笠兵"，三三五五，密密麻麻，顺风顺潮漂流而来。倭寇又紧张了好一阵，这次不敢把那圆不溜秋的东西钩上船，只在水面上击破。罐里头那些虎头蜂、黄蜂……照样飞上船来，蜇得倭寇无处藏，连底舱都藏不住。倭寇看看这样下去不是办法，忙下命令，不许钩上船，不许敲破，听任它流过去。

终于，满头是包的倭寇们躲过了毒蜂的袭击。站在

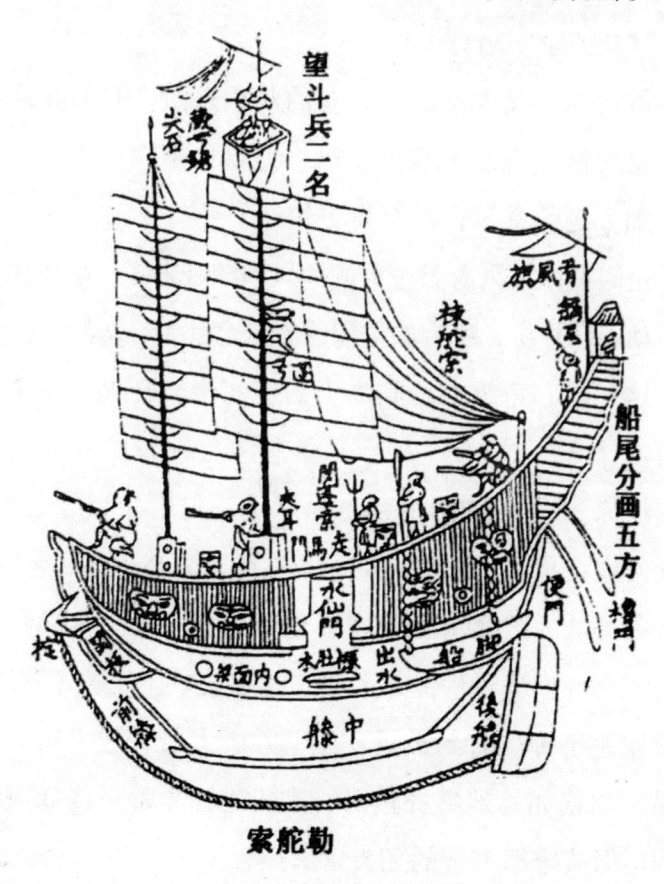

戚继光舰队大福船

船头看着那些斗笠飘过来流过去，恨恨的又不敢去碰。

半个时辰之后，有只贼船的司舵大喊大叫说底舱漏水了。接着各贼船叫苦连天，只只底舱都漏水，倭寇七手八脚忙着堵漏洞，可堵了后舱，前舱又漏了。堵来堵去，整个舱底都快成蜂窝了。这时倭寇才觉得奇怪，怎么一下子都漏了呢？莫非……啊，这冷静一听，才发现船下有嘭、嘭、嘭的敲击声。"船下——有人——"

"让戚家军暗算了！"

倭寇船上又大乱起来，有的收拾东西，有的找武器……怎么制止也制不住了。船一进水本来就一步步往下沉，加上满船乱窜，就沉得更快。

这时戚家军乘着艨艟大舰顺风顺潮赶来了。贼船想跑摇不动了！想拼，所有的倭寇已心慌意乱无心恋战……

这一役，龟缩在浯屿岛上的倭寇全被歼灭，一个也没留。

原来这是戚继光将军想的好计，先用斗笠蜂疑兵。估计倭寇会把陶罐敲破，又故意在陶罐里装上各种毒蜂，让倭寇先尝一尝毒蜂的滋味。慢慢地才让一些水性特别好的士兵带上凿子铁锤戴上斗笠混在其中，先破坏贼船，让倭寇跑不掉。直到最后才出动艨艟大船，戚家军刀枪耀眼、剑戟如林地猛扑过来，来势迅猛异常，倭寇只好乖乖地做戚家军刀下的无头鬼了！

戚继光惩舅父

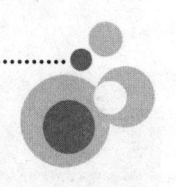

戚继光年少有为,文韬武略样样精通。17岁的时候,到登州(在现在山东省)当了一名军官。10年以后,27岁的戚继光已经成为管理三营二十五卫所的青年将军了,专门负责海防。

当时,明朝的海防十分空虚,兵纪败坏、守卫山东沿海的士兵,多半是老弱残兵,纪律十分涣散。所以才给了倭寇可乘之机,不断对骚扰明朝的海防。戚继光到任之后,连连摇头。看来,要打倭寇,当务之急是要整顿军务啊。

为了扭转这种海防空虚的局面,戚继光开始着手进行改革。他一面修营房、卫所,一面训练士卒、严肃纪律。年轻的戚继光很快就碰到了意料之内的麻烦。

一些军官看戚继光那么年轻,资历又不高,以为他只是个纨绔子弟。一点也没把他放在眼里,经常阳奉阴违地

戚继光操练水军之地——蓬莱水城

违抗军令。而在这些人中，论辈分还有一个是戚继光的远房舅父。戚继光很懂长幼礼节，很尊重他。而这位舅父却有些不通事理，一方面以为外甥在这里，便有了靠山，说话、做事都很傲气。另一方面，以为戚继光年轻，也压不住自己。

戚继光的威严受到了挑战，心想："整顿军务势在必行，不能有片刻耽误。现在，士兵们总是表面一套背地里一套，这种情况再不严办，情况会更加糟糕。最烦恼的是这位舅父总是倚老卖老，不听命令，不光是让我为难，还引得别人也不守军纪。要是不先处分他，我怎么能指挥全军呢？"

一天，戚继光当着众将士的面，要舅父去执行一项军令。舅父听完，哼哼哈哈地答应着："将军放心，我即刻就去办"。说完半天，却仍旧站着不动。戚继光马上命令军士:"来人,将此违抗命令、接令不出之人拖出门外,军法处置!"有士兵听说此人是戚继光的远方舅父,心想:你们是亲戚,所谓军法处置肯定是做做样子,于是就直直地盯着戚继光,看他如何做。戚继光见有人抱持怀疑态度,便怒目而视:"在军中,一切以军法为准,不论亲疏,犯错都将严惩不贷,还不快拖出去执刑!"

最终,舅父当众受了处罚,又气又羞,怨恨戚继光不讲情面。

当天晚上,月明风清,戚继光令家人摆酒菜,把舅父请来,让他坐在上位,恭恭敬敬地用晚辈的礼节向他赔罪。戚继光说:"今天是家宴,您是长辈,我要请您坐上位,还要向您赔礼。请您消消火。但有句话我也不得不说,我们都是军人,在军中是不分辈分长幼的。您从军多年,应该懂得这个道理。如今朝廷派我来此处负责海防,困难和阻挠重重,我们是一家人,您不帮我谁来帮我?"

舅父见戚继光说得情真意切,心中羞愧加悔恨,倒身跪在地上,对外甥说:"我服气了。希望你今后执法如山,要是我再违令,尽管用严刑惩治。"

戚继光不避亲疏惩罚舅父这件事不久传遍了全军。官兵们都十分佩服戚继光的品行,都赞叹他大公无私,有大将风度。经此一事后,军中风气好转了,山东的海防也得到了加强。

以金试兵

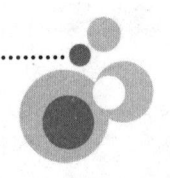

有一年,戚继光在宁波沿海抗击倭寇,准备在奉化招收一批士兵扩充军队。

听到戚继光招兵的消息,人们纷纷从各处赶来,没几天,就有几千人报名。

站在校场上,戚继光看着下面一个个热血的面庞,心中深感欣慰,同时也感觉责任重大——如何选合格的士兵可是不能马虎的。略微思考一番过后,戚继光高声说道:"很感谢大家都来应招,但当兵是要考试的,唯有合格者才能录用。我今天要对大家考校一番,能不能做未来的戚家军的一员,单看各位自己的本事。好了,话不多说,今天考试的题目是:擂鼓进,鸣锣退。"

来应招士兵一想:还要考试啊,真是少见,不过,似乎也不难。所以,没出现多少骚动,大家都静待鼓声。其中有个叫大虎的,以为当兵考试无非是考身体好坏,跑得快不快，自己浑身是劲，哪会不及格？

　　战鼓敲响了！考试的青年人纷纷朝前奔去。

　　大虎撒开两腿跑在最前头，不一会而，就来到一座山上，忽然看见岭上金光闪闪。哟！原来是满地金子。大虎心里想：我跑得快，大伙都还在后头，没人看着这金子，既然这样，乘没人看见，我先拾点金子。

　　正在大虎忙着拾金子时，山下忽然响起了锣声，队伍一齐往后退去了。

　　一个青年见大虎还不肯下山，就招呼他："大哥，鸣

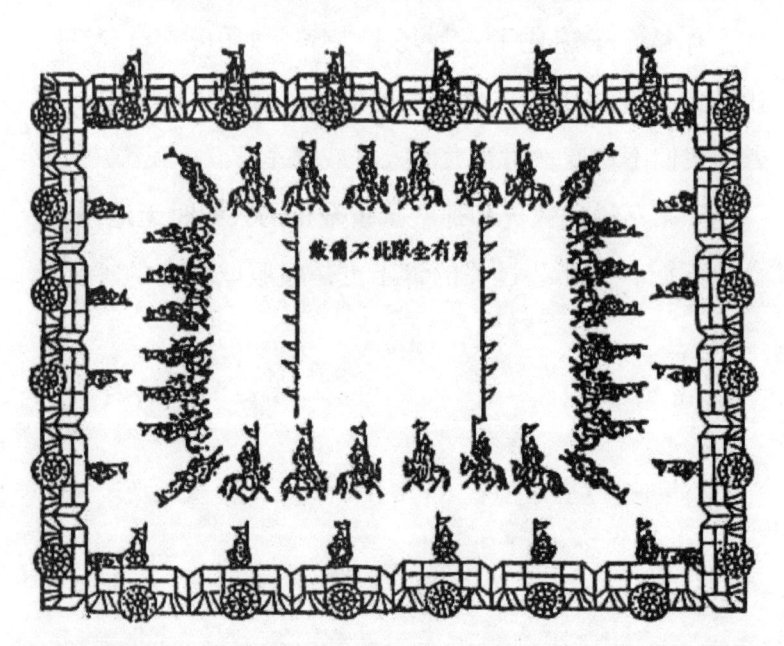

战车营，出自《练兵实纪》

金了，快回吧！"大虎不耐烦地说："你们步子慢，先走吧，我会追上的！"那人无语，只好走了。

大虎把口袋装满金子后，才下山赶路，居然还是第一个回到营地，心里非常得意。

待大家都回来之后，戚继光当众宣布录取名单，可是没读到大虎和其他拾了金子的青年的名字。

大虎很不服气，大声说："我第一个跑回来，咋不收我呢？"

戚继光严肃地说道："你原本可以回来得更快。可惜，你被金子迷住了。战场上，军令如山，令行禁止，让做什么就做什么，可你为了拾金子竟然不顾命令。再者，我们不欢迎贪财自大的人进戚家军。"

一席话说的大虎和那些拾了金子的人顿时无地自容，自愧不如。而那些过关的青年更是佩服戚继光的睿智和严谨。

重责娘舅

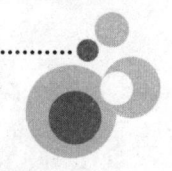

一年，戚继光奉命率戚家军挥师南下，日夜兼程，去福建抗倭。行至乐清雁荡山附近时，见夜色已深，便命令就在山里扎下营盘宿营。

疲惫的将士们不久纷纷进入了梦乡。戚继光还在帐内就着烛光研究第二天的行军路线。

这时，在军中执事的娘舅端着一只热气腾腾的砂锅走了进来，招呼说："继光啊，快来快来，我打了只山鸡给你进补一下，这几天连夜赶路，你也累了，快趁热吃吧。"

戚继光探头一看，砂锅里果然是只炖得烂熟的肥鸡，溢出阵阵诱人的肉香，正要拿起筷子，忽然心里一动：队伍深夜到此，哪能打到山鸡？这鸡的来历怕是不一般。于是放下筷子，板起面孔，追问这鸡的来历。

"请问舅舅，这鸡真是从附近山里打的？何处？我

中华爱国人物故事
ZHONG HUA AI GUO REN WU GU SHI

戚继光铜像

082

们到的时候夜已深，舅舅又是怎么在黑暗中打的？"

娘舅见瞒不过去，只好说了实话。原来，将士们见主帅日夜操劳，合计着要弄只山鸡给戚继光补补身体。可是日夜行军，哪来的功夫打山鸡啊，只好在扎营时到山中百姓家弄来只母鸡。银子是付了，但怕戚继光怪罪，只得谎称山鸡。

戚继光听后，请娘舅坐下，语重心长地说："军中早有律令，不可动百姓一草一木。虽说付了银子，但百姓养鸡无非为了换些油盐米面，补贴家用。怎可因一时之念，坏了人家生计。你虽是我的娘舅，毕竟是军中之人，我不能因为亲情坏了军中规矩！"

一席话，说得娘舅心服口服，当即离席而起，承认了错误，甘愿受罚。

第二天队伍开拔前，戚继光将此事晓喻全军，并当众责罚亲娘舅三十军棍。消息传开，山中百姓都说："早就听说戚家军纪律严明，今日一见，果然名不虚传。"而将士们除了羞愧自己行为之外，也深深折服于戚继光。

挥泪斩恩人

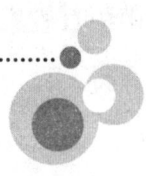

一次，戚继光率水师在三门湾海上巡逻，因海上起了大风，就把船队开进健跳港，暂时休整。

傍晚，戚继光和几名亲兵换上便服，上岸到健跳城内走走。在一条胡同里，远远看见一名军士正在和一个饼子店老板说话，随后店老板递给军士几只饼子，军士只拱了拱手，没有付钱就转身走了。戚继光立即命亲兵把那军士叫来问话。

"你是哪里的士兵？为什么拿老乡的饼子却不给钱？你可知军中有规定，违令者重罚？"戚继光问。

"启禀将军，非是我白拿店老板饼子，实是有难言之隐，城官好几月个都没有发饷，很多士兵吃不饱饭，小人因和店家相识，才赊欠些；待发饷之后归还的。"

"据我所知朝廷近期没有拖欠任何地方的军饷，怎么会出现欠饷的事情，到底如何从实说来。"

"士兵们都传言是城官赵武从中克扣的……"

戚继光听后将信将疑。

说起那守城官赵武，他曾经是戚继光身边的一名亲随，曾在一次倭寇偷袭行动中救过戚继光的命，后来因为作战勇猛，被提拔为健跳城的守将。戚继光万万没想到跟随自己多年的赵武胆敢克扣军饷，决心查个水落石出。

经过一番明察暗访，戚继光得知，赵武不仅侵吞了上司拨下来的几千两饷银，而且用这些银两建造了一座豪华大宅，整天在里面饮酒作乐，歌舞升平。而守城的

戚继光的发明——空心敌台

军士因为缺饷，怨声载道，已经出现逃散现象了。

戚继光一行直奔赵武新落成的大宅。赵武正在大宴宾朋，见戚继光一行突然到来，慌了手脚，连忙挥散宾朋和歌女，上来见礼。戚继光阴沉着脸，问他半月前拨下的银饷下落。赵武一开始还支支吾吾，经过一番对质，

望杆车——明朝用于侦察的望斗式攻城车

才不得不承认侵吞了饷银。戚继光怒道："本官一再告诫你们，做官的要与兵士共艰苦，同患难。你身负守城之责，侵吞饷银，私造宅第，大敌当前，却在这里寻欢作乐，军法岂能容你！"遂命令将赵武绑赴大营，听候发落。

第二天一大早，守城将士齐集练武场，戚继光当众宣布：令那守城兵士立即从营中预支饷银，归还饼钱，并向店主赔礼道歉；守城官千户赵武知法犯法，侵吞饷银，大肆挥霍，按军法立即斩首！

宣布完毕，戚继光命人取来一碗水酒，双手捧到赵武面前，眼里含着泪水，说道："你对戚某有救命之恩，戚某永世不忘。今日即将永别，戚某无以报答，请喝下这碗酒吧。"

赵武知道戚继光一向秉公执法，这一回自己是死罪难逃，接过酒碗一饮而尽。随后，两名亲兵把赵武推出了练武场。

经过这件事，将士们都知道戚继光严于执法，军令如山，再也没人敢违犯军纪了。消息传出，百姓们纷纷称赞戚继光，更加敬佩戚家军了。

智激张教习

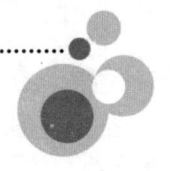

戚继光镇守蓟州时，为了提高部队战斗力，培养新一代的年轻将领，出资办了一所武校，专门挑选有勇有谋的年轻将领入校学习。并且四处寻找名师，几经挑选，终于选择了一位德才兼备、文武双全的人来担任教习。戚继光尊敬的称他"张教习"。

张教习学识渊博，授徒严格。但是戚继光却发现自己那些等待培养的栋梁之材迟迟没什么长进。原来有些年轻将领自恃军功，根本看不起张教习，也不服他的管教。一来这些年轻将领都是戚继光心爱的部将，二来张教习初来乍到，不清楚戚继光的底细，管重了怕得罪戚继光，管轻了又没用，索性撒手不管，得过且过。

戚继光觉察出这种苗头，他觉得如此下去，这些将领不光学不到真本领，还会影响军纪。戚继光联想到同样拜在张教习门下学习诗文的小儿子江儿近来的情况，

戚继光雕像

　　灵机一动，决定设宴激一激那个举棋不定的张教习。

　　这天，戚继光在府里摆下一桌酒席，请张教习赴宴。酒过三巡，戚继光命江儿取来诗文考校。待江儿将自己所学呈给戚继光之后，戚继光顿生怒意：这算哪门子诗文啊，读来味同嚼蜡，看去满纸涂鸦。戚继光勃然大怒，

厉声喝道："大胆逆子，有如此良师竟然不思长进，留他何用，来人，拉出去斩了！"

端坐一旁的张教习看着戚继光气的满脸通红，心想：这是戚继光最疼爱的小儿子，怎么可能会杀了他呢。于是冷眼旁观，不动声色。直到侍卫用托盘呈上一颗血淋淋、用红布遮盖的人头，张教习顿时目瞪口呆。心中大悔，眼看戚继光因为自己不好好教学，已经杀了自己的爱子，扑通一声双膝跪地，惶恐地说："学生罪该万死，江儿之过，全是学生管教不严所致。今江儿已斩，学生也无颜面对大帅。请借利刃一用。"

戚继光上前扶起张教习，为他斟满一杯酒，好言道："先生不必悲伤。本官还有一子，烦请先生严加管教。"言罢，向里屋招了招手。

侍卫从里屋带出一个孩子。张教习见了大吃一惊："这……这不是江儿吗？"转念一想，顿然大悟，明白了戚继光的良苦用心。

那些年轻将领听说这件事后，再也不敢胡作非为了。想想自己的大帅可是连心爱的儿子都敢杀的严格将领，自己又怎么能恃宠而骄呢。而张教习，自此以后更是尽职尽责，严厉督导，果然培育出一批栋梁之材。

怒斩张守备

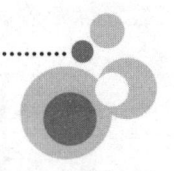

遵化县（今尊化市）城东北几十里外的洪山口，山势险要。戚继光当年任蓟镇总兵不久，就决定在这一带加固长城。

当时，洪山口守备姓张，这人一贯瞒上欺下，是个老兵油子，自从接了这个差事，满肚子不愿意，认为最

戚继光府邸

戚继光舰队海沧船

苦最难的差事叫他摊上了。为了省事，他竟然不顾将令，另起炉灶，在洪山口以南的坡地上修起了城墙。

转眼几个月过去了，城墙歪歪扭扭修了半里长。

这一天，戚继光巡视边务来到这里，打老远一望就觉得不对劲：山口险要处城墙破败不堪，山口里的平缓山地上倒修起了一段城墙，与这远近长城根本连接不上！

张守备见戚继光脸色有异，心里直打鼓，慑于戚继光的威仪，不敢凑上去说话。

戚继光传来专管修筑长城的将军，一问，才知道这段城墙修得全无道理。于是铁青着脸，点了张守备的名，叫他解释为何要改变城墙走势。

"张守备，据本将所知，这一带加固长城的差使是你在负责，那么请问，为何险要处需要修建加固的地方依然破损如故，而山口以南处却平白多了一段长城，你做何解释？"张守备本想支吾过关，一见戚继光的脸色，哪敢隐瞒，只得结结巴巴地道出了原委。

戚继光听后勃然大怒，说道："你身为朝廷命官，竟然违抗军令，改道长城，拿军国大计当儿戏。来人，将他拿下，带回大营治罪！"

回到大营，戚继光召集各路修城的守将，晓喻张守备的罪状，然后下令将他斩首示众。

斩了张守备，戚继光又派了个新守备到洪山口上任，重修洪山口长城。如今，在洪山口长城南的山地上还留有一段长城，许多人见了都不理解：怎么这里孤零零的有一段长城呢？原来呀，这就是张守备当时擅自做主修的那一段改道长城。

戚继光斩子

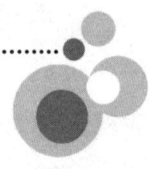

（一）

在闽剧中，有一出《戚继光斩子》广为流传，讲的就是治军严谨的戚继光因为自己的儿子违反军令将其斩于军前的故事。现在浙江临海市白水洋镇的一条花样石子街，花冠岩附近有一座太尉殿，相传都是为纪念戚继光的儿子戚印小将军而建的。

故事发生在浙江台州地区。戚继光率领戚家军在浙江抗击倭寇，几次大的战役都连战连捷，打得倭寇是闻风丧胆。有一次，戚继光率领军队在台州府围剿一股倭寇，倭寇与戚家军接战之后，很快大败，有一股残敌想绕道城北的大石退守仙居。为了彻底消灭这股倭寇，戚继光立即命自己的儿子戚印为先锋，并且交代他采取围而歼之的策略："你领兵在双港与城西交界的花冠岩一带埋伏，亲自出兵佯败，将敌人诱至仙居城外再予以反击，以迫使城中的倭寇出援，尔等务必等倭寇全部进入包围圈后，再两军夹击，一举全歼。违反军令者要按军法处置。"

临行前戚继光又一再交代戚印，与倭寇接战之后，不要急于求胜，要佯装失败，将敌人诱至仙居城外再予以反击。果然，倭寇中了戚继光的埋伏。战斗开始了。戚印看戚继光已经将倭寇诱上了上界岭，再看倭寇的队伍前面还押着一些抢掠来的妇女和牛羊等，年轻气盛的他气愤万分，再也沉不住气，没等倭寇全部进入包围圈就擂鼓冲锋，下令军队展开总攻，一时间矢石齐飞，刀枪猛舞，喊声震天。戚印只顾了奋勇杀敌，竟然忘记了父亲临行前交代的"只许败，不许胜"。霎时间就将敌人全歼在山道之上。

后来戚印率军回营，将士们都言戚印作战勇敢，杀敌有功。但戚继光回营升帐，因戚印没按照军令行事，勃然大怒："戚印违反军纪，不服从指挥，应该以军法处置，来人啊，将戚印绑出辕门斩首！"

陈大成等将领跪在地上："将军，戚印虽然是触犯了军令，但其大败倭寇，也是有功之臣，可留他一条性命将功赎罪。"

可戚继光不答应，说："戚印明令故犯，贻误军机，不容不诛！何况我是一军主帅，如果我的儿子犯了军令

可以不杀，以后还怎么带兵？军中的命令还有谁去执行？"于是，就在白水洋上街水井口这个地方，忍痛斩了儿子。

后来，当地百姓为了纪念这位打了胜仗又被斩首的戚小将军，就在水井口用小石子铺起了花样石子街，又在花冠岩山下修建了太尉殿——据说戚小将军死后被朝廷封为"太尉"——让人们永远记住这位古代小将的抗倭功绩，也永远记住戚继光铁面无私、从严治军的精神。

（二）

关于戚继光斩子的故事，还有一个传说。据说，被戚继光杀头的不是戚印，而是戚狄平。至今在福建省宁德市樟湾麒麟山下宫门嘴大路边还立有一块石碑，上刻"恩泽坛"三个大字。在闽侯县吼虎山上还有座凉亭，名叫"思儿亭"。这一碑一亭，都与戚狄平小将军有关。

明朝嘉靖年间，倭寇在海上建立了一个巢穴——横屿。那里海面看似平坦，其实暗礁密布，易守难攻。倭寇们仗着地理优势，在福建一带烧杀抢掠，无恶不作，百姓们对他们恨得咬牙切齿，却无可奈何。朝廷几经思量，终于派出了戚继光率八千义乌兵入闽抗倭。

横屿是一个海上孤岛，与宁德樟湾村隔海相望，此处涨潮时是一片汪洋，退潮之后则是泥泞一片的沼泽，地形易守难攻。倭寇在岛上修建了许多坚固的防御工事，戚继光经过一段时间的详细观察之后，决定在中秋节的下半夜乘着倭寇防守松懈、潮水低落的时候，涉过浅滩处的沼泽，出其不意的攻击敌人。戚继光先命张谏、张岳在横屿西、北陆上布阵，防止倭寇上岸；又命张汉率水师在横屿东部海面游弋，防止倭寇从海上逃窜；自己则率领戚家军的主力从南面进攻。

在攻击发起之前，戚继光晓谕全军："潮水涨落，分秒必争，只许勇往直前，不准犹疑回顾。违令者斩！"

随后，戚继光任命自己的儿子戚狄平为先锋官，率领三千精锐部队冲锋。务必一鼓作气登上横屿岛。戚继光拍着儿子的肩，鼓励他说："这一仗如何打，就看你了！千万不能退缩。"大家看到戚继光让自己的儿子做先锋，欢欣鼓舞，士气大振。

无敌大将军炮

戚小将军一路率领三千先锋避过礁石，躲过倭寇的箭矢，勇敢的一路冲锋在前。可是，在率军行至麒麟山下的宫门嘴山口时，想起父亲年事已高，而且这里的礁石又十分密集，担心父亲跟随不上，便立马回头向樟湾方向望了望。这时跟在后面的将士以为先锋有令要传达，不觉也都脚下一顿，停了下来。戚继光率领中军跟在后面，突然发现前面的队伍停了下来，不知发生了什么变故，立即派人询问。将校回报说："前面没什么事情，只是因戚先锋回头，兵士疑惑所致。"戚继光听后大怒，立刻令人将戚狄平绑至马前，训斥道："你身为先锋官，不带头遵守秩序向前的军令，反而带头违令，致使三军疑惑。如若不按军法处置，又以何服众。"说完命令帐下军校将戚狄平绑出，斩于军前。

戚继光身边的将士纷纷跪地说情，也无济于事。后来，戚家军胜利的攻占了横屿，斩杀倭寇二千六百余人，彻底捣毁了横屿上倭寇盘踞的巢穴。戚继光带军回师时，路过麒麟山，想起被自己斩杀于此的儿子，不禁伤心落泪。后来，当地的人民感于戚将军父子的抗倭功劳，就在戚继光当年立足思子的地方建起一座六角凉亭，取名为"思儿亭"。在戚公子被斩的麒麟山角竖立了一块石碑，名曰"恩泽坛"，以永远纪念戚继光和戚狄平抗倭保民的万世恩泽。

戚夫人夜探倭巢

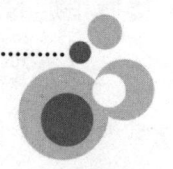

据说，戚继光的夫人名闻天下，是一位智勇双全的女中豪杰。

那年，戚家军到温州平倭驻防。一日深夜时分，一位老者跌跌撞撞闯到戚继光的将帅府，向戚继光哭诉说："昨天夜里，一伙倭寇上了北麂岛，抢劫财物，见人就杀，我一家六口人，只有我一个人得以逃脱，其他人全都横死倭寇刀下，小人特请求大人率领戚家军为岛上的百姓报仇啊……"

戚继光听了，顿时怒从心头起，决定立刻派遣斥候（古代的侦察兵）前往北麂岛刺探敌情，而后发兵进剿。可派谁去不容易引起倭寇注意，成功的打探到消息呢？正在踌躇，站在一旁的戚夫人开口说道："以妾之见，不如让妾与这位老人家扮作父女，去北麂岛一探虚实。"戚继光眼睛一亮，觉得是个好办法，同意了。

当天夜里，戚夫人乔装改扮，与老者悄悄地登上了北麂岛。

岛上，倭寇将抢劫来的财物都堆在码头上，众贼围坐在一起喝酒庆祝。武艺高强的戚夫人，悄悄潜藏到离倭寇很近的暗处，只听得一个倭寇头领得意地说："等到天一亮就把这批钱财运走，就算他戚继光来了，也叫他赶海风去！"一个倭寇凑近头领，有点担心地说："大哥千万不要大意，那戚继光精似鬼魅，万一夜里从后山小路来……"

"放心吧，他再神，也不会找到那条隐秘的小路。今晚多派几个弟兄在后山放哨，大伙不必多想，放心睡觉。"

倭寇自以为万无一失，哪知这些话全被戚夫人听去了。

当晚五更时分，戚家军的战船神不知鬼不觉地靠上北麂岛。已将地形探熟的戚夫人一马当先，带领将士从那后山小路摸上岛去，迅速结果了岗哨，生擒了睡熟的倭寇。戚家军又一次大获全胜。

宝聚和尚

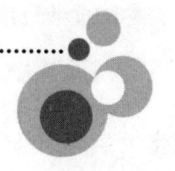

戚继光抗倭的英勇行为不仅为百姓所传送，还感染了身边许多将领，留下了许多感人的故事。

戚继光手下有一员大将，姓沈，名宝聚。跟随戚继光出生入死多年，武艺高强，作战勇猛，可就是为人脾气暴躁。一次，他带兵操练，看到一个新兵动作怎么也做不规范，抬腿就踢，一个新兵如何禁得起这一脚，当即就没了气。戚继光知道后，气得胡子都立起来了。新兵说杀就杀，以后戚家军就会落下骂名。大怒之下，要把沈宝聚斩首。但是，看在他并非有心，再加上同僚们跪地苦苦求情，戚继光就以割发代替杀头，把他的头发全剃光了。古时，身体发肤，受之父母。头发和头是一样重要的。沈宝聚光着头，自觉无颜见人，叹着气进阿育王寺做了和尚。

虽然做了和尚，但沈宝聚对戚继光和戚家军还是念

念不忘，总想再次披挂上阵，斩杀倭寇。

一天晚上，他正在阿育王寺巡更，突然看到山下村子里火光冲天，还隐隐约约传来一片惨叫声。"不好，一定是倭寇又来抢劫杀人了！"宝聚和尚急忙拿起朴刀，直奔山下村庄。

原来，这是倭寇的先锋队，进村子来抢粮食。宝聚和尚抡起朴刀，冲向倭寇。他越战越勇，很快杀退了小股的倭寇，但宝聚心里明白，这小队的倭寇只是先锋，是来抢东西的。抢不到东西，倭寇还会派大部队前来。要想办法给戚家军报警才行。

他登上了山顶烽火台，手拎朴刀，威风凛凛地站在烽火台，观察着倭寇的动向，准备随时给戚家军报警。

功夫不大，倭寇的大队人马杀气腾腾地来了，宝聚和尚立刻点烟报警。戚继光看到烽火，率军及时赶到，左右包抄，倭寇是死的死，降的降，一个也没逃掉。

战斗结束后，戚继光想看看是谁给自己报的警，登上烽火台一看，这里早已是遍地尸体。一堆尸体中还躺着个和尚，仔细辨认，原来是沈宝聚。望着那还在冒着黑烟的火堆，戚继光什么都明白了。他和将士们一起，含着热泪把宝聚和尚的遗体埋在烽火台旁的山坡上。

沈宝聚终于实现了心愿，他和战友们的英灵一道日夜守护着这座烽火台。

陈第献策

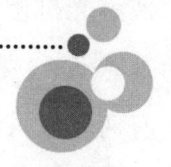

戚继光抗倭,连战连胜,百战百捷,出了戚继光治军严谨,足智多谋,和他礼贤下士也分不开。他的手下不只有英勇善战的将领,还有各种能人异士,为他出谋划策。在连江、福州沿海一直流传着两句脍炙人口的民谣:"儒将衣冠今已杳,尚教渔子脚撑舟。"民谣中的"儒将"指的是戚家军中的陈第,"脚撑舟"指的是陈第设计的"土橇"。

那年,戚继光率军追击倭寇,眼看就要把那股无恶不作的倭寇全部歼灭了,却被他们逃到罗源湾的一个礁屿上去了。那礁屿与陆地之间是大片海涂,涨潮一片大水,落潮一片泥泞,倭寇们就凭借这道屏障负隅顽抗。

不把倭寇一举歼灭,就会给他们机会,继续祸害百姓。可是怎样越过这片泥涂?戚继光一筹莫展之时听说城里有个叫陈第的儒生,足智多谋,便亲自登门拜访。

"本将听闻先生足智多谋,特来拜会。现下有一困惑,还望先生不吝赐教。"戚继光客气地说。

这陈第自幼饱读经史,负有奇才,只不过一直没有遇到欣赏他的人,满腹的才华得不到施展。他早就听说戚继光抗倭的事迹,心仪已久,见他亲自登门求教,十分感动:"将军言重了,学生才疏学浅,不敢妄称,将军有何差遣只管吩咐就是,但凡学生能办决不推辞。"

戚继光随即给陈第简单讲了一下具体情况,陈第思考片刻,呵呵一笑,当即设计制造了一种专门在泥涂上滑行的简便工具,献给了戚继光。戚继光回营立即照样制作,在海涂上一试,果然又平又稳,非常好用。几天后,戚家军利用这种工具顺利越过泥涂,出其不意地一举全歼了礁屿上的倭寇。

在这之后,陈第就留在了戚家军,戚继光见他确实是有真才实学的人,就对他委以重任。没过多久,这陈第因战功升为将军,成了戚继光的左膀右臂,在军中享有很高的威望,还得了个"儒将"的雅号。戚继光奉命北调镇守蓟州时,随行的将领中就有陈第。

后来,陈第发明的这种工具成了当地人民在海涂上广泛应用的交通工具。有了这种便利的工具,海涂也被当地百姓变成了鱼塘。因它的原理与北方雪橇相似,所以叫它"土橇"。它还有一个形象的名字,叫"脚撑舟"。

晏继芳藤牌破倭

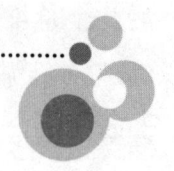

戚继光手下有许多威武善战的将领，晏继芳就是一位。他藤牌破倭的故事至今仍流传在沿海百姓中。

晏继芳是戚继光手下的一员骁勇善战的将军。戚继光听说东南沿海瑞安这里倭寇猖獗，不止抢夺百姓的粮食财务，还强抢百姓，逼迫他们去做苦工，就派晏继芳去平倭。晏继芳到任不久，就召集瑞安城乡的少年小伙子们，每日在小东门校场和戚家军一同操练。

百姓们开始还怀疑，晏继芳只是戚继光手下的一个将军，能不能打退倭寇？后来，当他们看到晏继芳带来的藤牌图样，才打消了疑虑。连忙帮着日夜赶制藤牌，晏继芳还亲自教他们打藤牌阵，练习各种武器和破倭寇的法子。

八月十八的晚上，月上东山，飞云江里潮水很大，有几十只贼船靠拢东山、莘塍海涂，爬上几百个倭寇。

这些倭寇头包青巾，身穿黑衣，手里拿着大刀长矛，弓箭手掩护着，偷偷摸到村边，呐喊一声，扑进村去。万万料不到，这是座空村，倭寇挨家挨户搜查，既没抓到人，也没找到钱财，正想集合起来转向别处去，忽见村后几个草堆起火，四周围响起连珠炮，火光中飘出几面"戚"字大旗。倭寇大惊失色，夺路而逃。只听得各处响起咚咚的鼓声，四面埋伏的戚家军，一手拿藤牌，一手握朴刀，从黑暗中杀出。那冲杀在前头的一员大将，就是戚继光的部将晏继芳。倭寇拼命放箭，箭射在藤牌上，就好比雪霰子打在油布伞上，嘣嘣响着落下来。没了他们最犀利的箭矢，一半的倭寇就成了任人宰割的绵羊一

为纪念戚继光而创的藤牌舞

般，再没了往日凶神恶煞的样子。晏继芳的藤牌手冲到哪里，哪里倭寇的头呀、脚呀就都剁落下来，不是死就是伤。倭寇首领慌了手脚，转身想逃，晏继芳飞起一脚，将他踢倒，士兵扑过去将他捺住，用绳索绑起来。倭寇见首领被擒，四散逃跑。

藤牌手越杀越勇。瑞安也开了城门，冲出数百民兵，个个手持刀枪、铁棍、扁担、锄头前来助战，只杀得田野里躺满倭寇尸体。没有死的倭寇逃到涂边一看，个个叫苦：月光下只见船上飘着"戚"字大旗。他们就只好跪下投降了。

倭寇是抓到了，可是被抢走的百姓哪里去了呢？

当夜，晏继芳审问贼寇，晓得这被擒的贼头叫藤三彪。又从他的口供中得知前次被掳去的百姓，都被关在大陈岛几个山洞里。晏继芳和这批藤牌手就换上贼寇衣服，押着几个贼寇做前导，乘船到大陈岛去。

留守岛上的倭寇只当自己人得胜回来，蜂拥到岸边等待。都没有防备，连武器也不带，被晏继芳这班藤牌手杀得七零八落，抱头逃窜。晏继芳扫平匪巢后，寻到几处山洞，救出几百个被掳百姓，一齐归来。

后来，瑞安百姓造起晏公殿纪念他。戚家军的藤牌阵法，还被瑞安人编成藤牌舞，至今还在流传。

戚家饼的由来

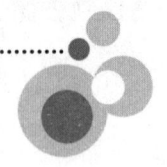

明朝嘉靖年间,戚继光将军的一支队伍来到台州一带追剿倭寇。一天早上,兵营里正烧早饭,海边寨哨传来警报:几十只贼船靠在海岸边,几千倭寇冲上岸来了!

兵营里立即吹响号角,兵士们来不及吃早饭,都冲出去杀倭寇。倭寇平时被戚家军打怕了,戚家军一到,倭寇只打了几个回合,丢下几十具尸首,就逃下海去了。戚家军追杀了一阵,回营吃饭。哪晓得倭寇趁着戚家军回营吃饭这当口,又爬上岸来,冲到百姓家里抢劫。等到戚家军追来,他们的贼船里已装满抢得的东西,趁着落潮开走了。

那天夜里,戚将军心里很难过,他想:"士兵若没有吃饱饭,怎么叫他们去杀敌?饭菜又不能带在身边!"想着想着,抬眼看见桌上有枚铜钱,眼睛一亮:能不能把米、麦这类粮食做成当中有个孔的饼,烘干,用绳一串串穿起来，士兵们杀敌时挂在身上当干粮？

第二天，伙头军照着戚将军说的做了几千个当中有孔的饼，焙干，缚成一串串，提来给戚将军看。戚将军拿起一串，挂在自己腰间，身边的部将都说这法子好。过了几天，驻扎在海边的几万戚家军腰里都挂上这种挂饼。从此往后，戚家军再也没有因为吃饭而误了杀敌良机，每次都打胜仗。

嘉靖皇帝晓得了，拿着这饼在手里看了又看，咬一口尝尝，觉得味道不错，他点头笑着说："这饼就叫戚家饼吧！"从此，戚家饼这名称就被人传开了。

戚家饼又称"继光饼""肚脐饼"。至今，台州市所属的临海市、椒江区等地民间还流传着"肚脐饼谣"：肚脐饼，像肚脐，倭卵上陆扰我地，害得百姓遭烧杀，全靠戚军来抵制。肚脐饼，圆又圆，送给戚军好上船，胜利回来平了乱，使我百姓好团圆。肚脐饼，甜又香，送给戚军当干粮，继光将军爱百姓，百姓敬他如天长。

"酱烤猪头"的来历

奉化有一道叫"酱烤猪头"的名点，是用猪头肉和咸光饼加冰糖做成的一种拉丝，香甜薄脆，味道鲜美，既是佐酒的佳肴，又可当点心，是酒筵上的一道名点。关于这道名点还有这样一个传说。

相传明朝时，倭寇常来沿海作乱，抗倭名将戚继光组建戚家军，转战沿海诸地，平定倭患。戚家军纪律严明，不许士兵随便食用当地百姓的粮食，深受老百姓爱戴。

这一年，戚家军到奉化抗倭，打得危害百姓的倭寇四处逃窜。奉化百姓非常感激，就抬了猪肉、老酒、光饼等去慰劳部队。戚继光说："倭寇流窜抢掠，众位父老乡亲生活已甚苦，这酒肉我们决不能收。"只收下光饼当干粮，其余原封不动地退回。

百姓们见戚家军不肯受礼，心里过意不去，一定要

五雷神机——戚继光发明

表示一点心意，而且猪肉已经煮熟，不吃掉也会坏的，怎么办呢？人群中有个做厨师的老师傅说："我们把猪头肉切成光饼一样大小，和光饼烧在一起，样子像光饼，戚家军经常行军打仗，只要当时能收下，就不会退回来了。"大家都说好，于是众人七手八脚，切的切，烧的烧，做成了这种特别的点心。

戚家军乍一看，以为是光饼，就收下了。后来队伍追歼倭寇，等到发现里面有猪头肉，想退也来不及了。

奉化人对自己做的这件事非常得意，常做这道点心宴请外来的客人，借以夸耀奉化人的聪明。不知哪个厨师给它起了个"酱烤猪头"的名。这名字就这样传了下来。后来经过逐步改进，终于成了奉化的名点。

中华爱国人物故事
ZHONG HUA AI GUO REN WU GU SHI

江南长城的传说

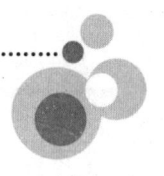

那一年，戚家军来到临海城抗击倭寇。为了有效御敌，戚继光要在临海修筑一条长城。花费近一年的时间，一条沿山脊而建的江南长城即将竣工，把坐落在金子山

金山岭长城由徐达主持修建，戚继光续建。

和北固山中间的临海古城团团围起。因为北固山东侧一段的山势特别险峻，戚家军的战士们连筑了十几次都失败了。这事可把戚继光急坏了，他整天茶饭不思，冥思默想，就是拿不出好法子。那天深夜，由于连日来的忧愁和疲劳，戚继光就伏在案几上睡着了。

忽然，戚继光觉得有一股狂悍地西北风从天边疾奔而来，裹挟着棉球似的雪花纷纷扬扬，漫天飞舞，天地山河，顿时银装素裹，把漆黑的夜空映照的一片银光闪闪。戚继光见到此景，正要仰天长叹，却觉得眼前一亮，只见一只金光闪闪的梅花鹿，从铺着厚厚白雪的北固山

中华爱国人物故事
ZHONG HUA AI GUO REN WU GU SHI

临海江南长城

麓向他奔来，到了那段建不起城墙的地方就停住了，并向他频频点头。戚继光觉得奇怪，正想追上去，梅花鹿却转身跑了，它左拐右弯，一直跑上北固山顶，不久就消失在茫茫的雪天中。

奇怪，在这满天飞雪的时候，哪来的梅花鹿呀？再说了，临海这地方也从来没听说有梅花鹿呀？正当戚继光在纳闷时，突然他觉得自己的脑门抽了一下，一个莫名的念头闪了出来：长城筑不上去的地方，为什么梅花鹿能跑上去？那么，我就依着鹿的脚印建不就行了？他激动地猛拍了一下案几，却把自己给拍醒了，原来是南柯一梦呀。

梦中醒来的戚继光，此时的心却再也平静不下来了。戚继光情愿信其有，也不愿信其无。他急忙走出军帐，突然一道白光刺痛了他的眼睛，等他适应过来，眼前的景色确实让他惊呆了。看那皑皑的白雪，不正是梦中所见？他急忙跑到梅花鹿出现过的地方，还真留下了一行弯弯绕绕的梅花鹿的蹄印。这是神灵的护佑？还是上苍的开眼？管不了那么多了，现在他的脑海里只有一个念头，立刻召集士兵，沿着梅花鹿的脚印再建长城。

长城建好的那天，正是农历正月十四的晚上。临海的老百姓沸腾了，他们倾城而出，为戚家军送来了五花八门的慰问品。戚继光也兴奋地下令，让军士们大吃一餐。这可急坏了火头军。天都黑了，又有那么多的人，那么多的菜，怎么来得及烧呀？这时，一位炊事兵对军头儿说："头儿，我看这事儿好办，眼下大家都只图个高兴，对吃是无所谓的，我们何不将所有的菜都切细了一起下锅，然后包子也别做了，把面粉也一起倒入锅里搅和搅和，不就可以了。"

"行吗？"

"肯定行。"

"那就赶快干吧。"

临海人在正月十四夜吃灶羹的习俗，就这样流传下来了。由于那只美丽的梅花鹿的传说，从此，临海又多了个美丽的名字叫鹿城。

戚继光改斗

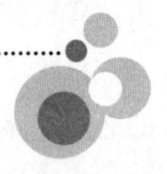

一年秋天，戚继光路过一个小镇，见这里的百姓愁眉不展，唉声叹气，感到奇怪，就拦住个老大爷，问个究竟。"老人家，不知为何这镇里人都这般忧愁？"

"军爷有所不知，快到交租的时候了，往年交完租子之后百姓还能勉强维持生计，可今年王财主仗势欺人，无恶不作，收租时在斗的外面钉了一圈铁箍儿，比斗的木面要高出一截子，这样量一斗米比实际要多好几升。我们这些老百姓敢怒不敢言，眼看日子没法过了，能不伤心吗？"

戚继光听后非常气愤，在老大爷的指点下，来到王财主家。此时，王财主正指挥家丁收租，看见来了个威风凛凛的大官，跟着十多个虎背熊腰的武士，忙点头哈腰地让座。戚继光拿起那个收租的斗，端详了一阵，问："为什么要加道铁箍啊？"王财主狡辩说："如此做是

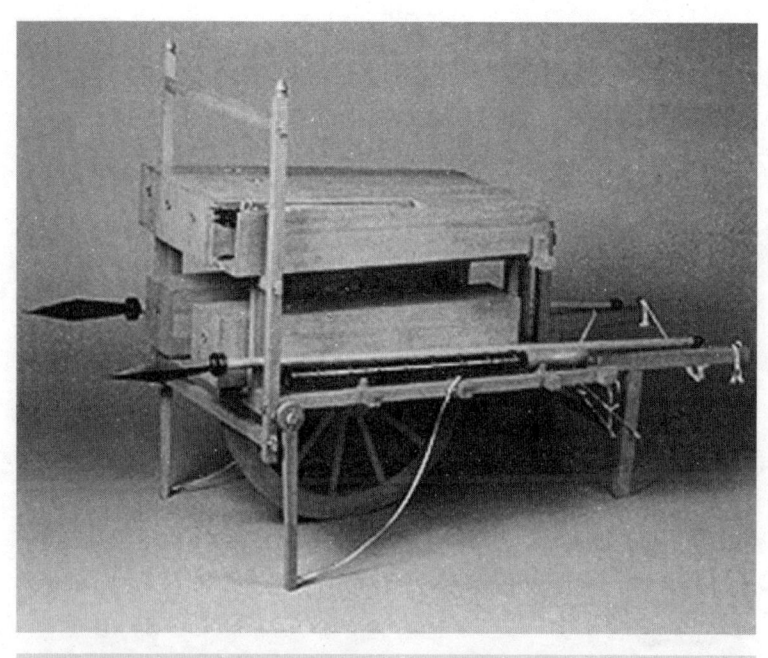

架火战车，明代大型火箭炮。

为了结实。"戚继光又问："那为何要高出一截呢？"王财主支吾半天答不上来。戚继光沉下脸来，把斗往地上狠狠一摔，怒道："来人，将王财主绑了，重打八十军棍！责令他把多收的粮食退回去，少一分则再行论罪。"

手下人听了，立刻将王财主按地杖刑。王财主被打得皮开肉绽，哪里敢说一个不字，乖乖地叫家丁——照办。

惩治了王财主，戚继光还不放心，为防止各地再发生类似事件，命人统一制作了一种上口小、下底大的斗。

火箭车

自此以后，该地的财主们用这种斗收租，再也不能占百姓的便宜了。

如今，在河北、天津长城沿线民间仍可见到这种斗。

麒麟井的传说

在福建宁德漳湾麒麟山下有口古井，叫麒麟井，井水又清又甜，旱年不见少，涝年不见溢。这口井的来历和戚继光有关。

嘉靖四十年左右，戚继光率兵到这儿平倭，部队驻扎在漳湾村。这个村是个小渔村，虽然有几口土井，但水源一直不足，老百姓平时吃水都很困难，现在来了这么多人马，水怎么够吃呢？戚继光知道这个情况后，马上下令不准官兵跟老百姓争水，决定自己解决吃水问题。

戚继光带了几个军士亲自去寻找水源。他一路爬坡下坎，边走边仔细察看周围的地势，最后来到一棵大树下。这棵树长得非常茂盛，干粗枝繁，树叶绿油油的。戚继光心想，这附近没有什么河流，既然能长出这样一棵遮天大树，地下不会没有水源的。于是让军士在大树

旁挖井。军士们不信这儿会有水，可想到戚继光向来料事如神，就半信半疑地挖了起来。刚挖了两丈多深，果然从地下冒出一道泉眼，清清的泉水"汩汩"地往外涌。军士们这下全服了，那高兴劲甭提了。大家要戚继光给新井起个名，戚继光想了想说，这一带的山叫麒麟山，这井就叫麒麟井吧！

自从有了这口井，附近各村的乡亲用水方便多了。为了纪念戚继光，有的人还把这口井叫做"戚公井"，漳湾村一带的百姓现在还饮用这口井里的水哩。

戚公像

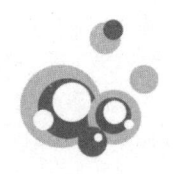

木城河的传说

　　浙江省温岭市新河镇南海塘一带有条"木城河",说起"木城河",人们就想起当年戚家军平倭的事迹来。

　　戚继光镇守台州的时候,部将中有一位叫张元勋的,生得体粗头大,气力过人,每次作战总是一马当先,所向无敌,深得戚继光器重。一次闲谈,戚继光问张元勋:"听说你放过鸭,白天不怕它走散,夜里不怕它逃失,用的是什么办法?"

　　张元勋说:"我会挥鸭竿,竿子一挥,叫鸭下河便下河,上岸就上岸,进篱笆就进篱笆。"戚继光听后,不住地点头,从中领悟到了一种战术。

　　一天,探兵报告:有大批倭寇登岸,已向新河进发。戚继光立刻带着张元勋骑马到新河城外察看地形,而后笑着对张元勋说:"这回我们就用你的'赶鸭入篱'计吧!"

中华爱国人物故事
ZHONG HUA AI GUO REN WU GU SHI

戚继光塑像

戚继光命令张元勋带领一支人马到小港下南海塘一带分散活动，白天帮助百姓种田，夜里操练、打拳。另外又派了一支人马，埋伏在小港下北海塘一带。北海塘芦苇、杂草丛生，一片泥泞，是人马难行的地方。小港下有个二十来户人家的小埠头，南、北、东三面都是海涂，潮涨时一片汪洋，潮退时一片泥涂。戚继光领兵埋伏在小港下，又派出一支精兵，驻守在离小港下东南1公里的后港，日夜吹吹打打，演戏庆丰收，摆下迷魂阵，只等倭寇上岸进"笼"。

却说倭寇眼见新谷登场，就拣八月十六大潮水日，偷偷摸摸开进金清港，直逼小港下埠头，争先恐后上岸抢劫。戚继光见倭寇中计，立即放起三声号炮。立时，戚家军从四面八方杀出，像神兵天降，把小港下围得像个铁桶。北海塘埋伏的人马听到炮声，立刻把芦苇浇上油，点着火，霎时，火随风势，烈焰满天，整个港头成了一片火海。后港的伏兵也挺枪冲杀过去。倭寇知道中计，急忙向小港下逃去，想上船逃命，但是退路已经被戚继光的兵马截断了，船只也已被戚家军烧光。倭寇只好拼死向南海塘一带突围，妄图占领海塘，稳住阵脚，再向松门转移。

再说张元勋得知倭寇上岸的消息，立即传令军民，火速在海塘下筑木城。老百姓听说筑城御敌，个个奋勇

争先，扛树的扛树，背板的背板，穿梭似的把木料送到海塘头。士兵们打桩的打桩，绞木栅的绞木栅，钉木板的钉木板，连夜在海塘下筑起一道坚固的木城。

倭寇晕头转向地跑了一夜，逃到海塘堤下的泥涂头时，东方泛起了鱼肚白，抬头一看，吓得目瞪口呆：海塘长堤上横着一座巍峨的木城，城头刀枪林立，气势森严，城头"戚"字大旗猎猎招展。后边，戚家军已经追杀上来，海潮已开始上涨，再不夺路逃跑，即使不做刀下之鬼，也要成为海底之鳖。倭寇狗急跳墙，硬着头皮来攻城，还没冲到城下，城上一阵乱箭，倭尸倒满了海涂。倭寇连攻三次，连败三次，从白天一直杀到二更时分。倭酋心想：即使冲过海塘也好比海鳗离水钻沙滩——死路一条。思来想去，毫无办法，长叹一声，就引刀自尽了。那班喽啰见头目已死，全都乖乖地跪在木城下投降了！

从那以后，那条河就被人们称为"木城河"。

戚继光生平简介

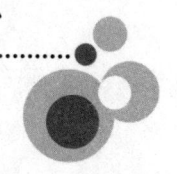

戚继光（1528-1588年），字元敬，号南塘，晚号孟诸；山东蓬莱人；明代杰出的军事家、民族英雄。

明嘉靖二十三年（1544年），17岁的戚继光因祖先军功世袭登州卫指挥佥事，开始了他长达40年的军旅生涯。嘉靖三十二年(1553年)晋都指挥佥事，设署登州水城太平楼前，总督山东沿海备倭。在任期间，所辖海疆肃靖，人民安然。

嘉靖三十四年（1555年），戚继光调往倭患猖獗的浙江，走上了抗击倭寇主战场的最前线。他招募金华、义乌矿工，编练戚家军，创鸳鸯阵，率领戚家军转战于宁波、台州、温州诸府沿海，给倭寇以毁灭性的打击。嘉靖四十一年（1562年），浙江境内倭患平定，戚继光又奉调挥师南下，两度援闽，扫荡福建沿海倭患，并一度进入广东境内剿倭。隆庆元年（1565年），终于肃清东南沿

海倭患。在长达十年的东南抗倭生涯中,他历任都司佥事、参将、都指挥使、副总兵、都督佥事、都督同知、总兵诸职,防地自宁波始,渐次南移,终至福州。由镇守一隅防务进而镇福建全境并浙江金、温二府地方,督水陆诸戎务。大小百余战,所向无敌,"戚家军"威名享誉天下。荼毒百姓数百年的东南沿海倭患从此基本平定。

隆庆元年（1565年），戚继光奉调北上，官拜总理，旋兼总兵，负责京师外围蓟州、昌平、辽东、保定四镇练兵事务，总督防务。在任期间，他修长城，建敌台，编练辎重营，备制火器，并创造了一套步、骑、车协同作战的战略战术，使长城沿线防务"为诸边冠"，多次有效地抵御来自关外的侵略。长期困扰明廷的来自关外骑兵入侵的压力随之解除，在镇十六年，边备修饬，蓟门宴然。"功升实级大都督，晋太子太保，兼少保。"

万历十一年（1584年），戚继光调任广东。两年后称病引退，还居故里；万历十五年（1588年）1月29日凌晨，这位驰骋疆场40年的老将军溘然长逝。

中华爱国人物故事
ZHONGHUA AIGUO RENWU GUSHI